表紙写真で見る通巻430号の歩み

The JR Hokkaido *History*

JR北海道の車内誌「The JR Hokkaido」が創刊されたのは、同社が発足した1987年4月。

89年5月からは月刊誌となり、2023年12月号まで36年半の間に430号が刊行された。

92年5月号から表紙を飾るのは札幌在住の貼り絵作家・藤倉英幸氏。

1年間（218〜229号）の休載を挟み、四季の自然や農村、漁村など道内の風景を描き続けている。

004号 1987年観楓号

003号 1987年涼風号

002号 1987年夏旅号

001号 1987年創刊号

006号 1988年愛蔵版 特別記念号

005号 1987年白銀号

007号 1988年早春号

015号 1989年5月号／春北斗号

011号 1988年清秋号

010号 1988年盛夏号

009号 1988年北旅号

008号 1988年陽春号

016号 1989年6月号／陽炎号

014号 1989年霧氷号

013号 1989年樹氷号

012号 1988年霜降号

022号 1989年12月号／北都号

021号 1989年11月号／雪待号

020号 1989年10月号／秋桜号

019号 1989年9月号／涼秋号

018号 1989年8月号／海霧号

017号 1989年7月号／銀河号

027号 1990年5月号

026号 1990年4月号／海峡号

025号 1990年3月号／旅心号

024号 1990年2月号／氷海号

023号 1990年1月号／新雪号

031号 1990年9月号

030号 1990年8月号

029号 1990年7月号

028号 1990年6月号

037号 1991年3月号

036号 1991年2月号

035号 1991年1月号

034号 1990年12月号

033号 1990年11月号

032号 1990年10月号

042号 1991年8月号

041号 1991年7月号

040号 1991年6月号

039号 1991年5月号

038号 1991年4月号

046号 1991年12月号

045号 1991年11月号

044号 1991年10月号

043号 1991年9月号

052号 1992年6月号

050号 1992年4月号／JR北海道5周年記念特大号

049号 1992年3月号

048号 1992年2月号

047号 1992年1月号

053号 1992年7月号

051号 1992年5月号

056号 1992年10月号

055号 1992年9月号

054号 1992年8月号

058号 1992年12月号

057号 1992年11月号

062号 1993年4月号

061号 1993年3月号

060号 1993年2月号

059号 1993年1月号

068号 1993年10月号

067号 1993年9月号

066号 1993年8月号

065号 1993年7月号

064号 1993年6月号

063号 1993年5月号

別冊 1994年10-12月

072号 1994年2月号

071号 1994年1月号

070号 1993年12月号

069号 1993年11月号

076号 1994年6月号

075号 1994年5月号

074号 1994年4月号

073号 1994年3月号

082号 1994年12月号

081号 1994年11月号

080号 1994年10月号

079号 1994年9月号

078号 1994年8月号

077号 1994年7月号

089号 1995年7月号

088号 1995年6月号

085号 1995年3月号

084号 1995年2月号

083号 1995年1月号

091号 1995年9月号

090号 1995年8月号

087号 1995年5月号

086号 1995年4月号

097号 1996年3月号

096号 1996年2月号

095号 1996年1月号

094号 1995年12月号

093号 1995年11月号

092号 1995年10月号

103号 1996年9月号

102号 1996年8月号

101号 1996年7月号

100号 1996年6月号

099号 1996年5月号

098号 1996年4月号

109号 1997年3月号

108号 1997年2月号

107号 1997年1月号

106号 1996年12月号

105号 1996年11月号

104号 1996年10月号

115号 1997年9月号

114号 1997年8月号

113号 1997年7月号

111号 1997年5月号

110号 1997年4月号

118号 1997年12月号

117号 1997年11月号

116号 1997年10月号

112号 1997年6月号

127号 1998年9月号

122号 1998年4月号

121号 1998年3月号

120号 1998年2月号

119号 1998年1月号

126号 1998年8月号

125号 1998年7月号

124号 1998年6月号

123号 1998年5月号

134号 1999年4月号

133号 1999年3月号

131号 1999年1月号

130号 1998年12月号

129号 1998年11月号

128号 1998年10月号

137号 1999年7月号

136号 1999年6月号

135号 1999年5月号

132号 1999年2月号

140号 1999年10月号

139号 1999年9月号

138号 1999年8月号

143号 2000年1月号

142号 1999年12月号

141号 1999年11月号

152号 2000年10月号

147号 2000年5月号

146号 2000年4月号

145号 2000年3月号

144号 2000年2月号

151号 2000年9月号

150号 2000年8月号

149号 2000年7月号

148号 2000年6月号

158号
2001年4月号

157号
2001年3月号

156号
2001年2月号

155号
2001年1月号

153号
2000年11月号

161号
2001年7月号

160号
2001年6月号

159号
2001年5月号

154号
2000年12月号

167号
2002年1月号

166号
2001年12月号

165号
2001年11月号

164号
2001年10月号

163号
2001年9月号

162号
2001年8月号

176号
2002年10月号

171号
2002年5月号

170号
2002年4月号

169号
2002年3月号

168号
2002年2月号

175号
2002年9月号

174号
2002年8月号

173号
2002年7月号

172号
2002年6月号

182号
2003年4月号

181号
2003年3月号

180号
2003年2月号

179号
2003年1月号

178号
2002年12月号

177号
2002年11月号

188号 2003年10月号

187号 2003年9月号

186号 2003年8月号

185号 2003年7月号

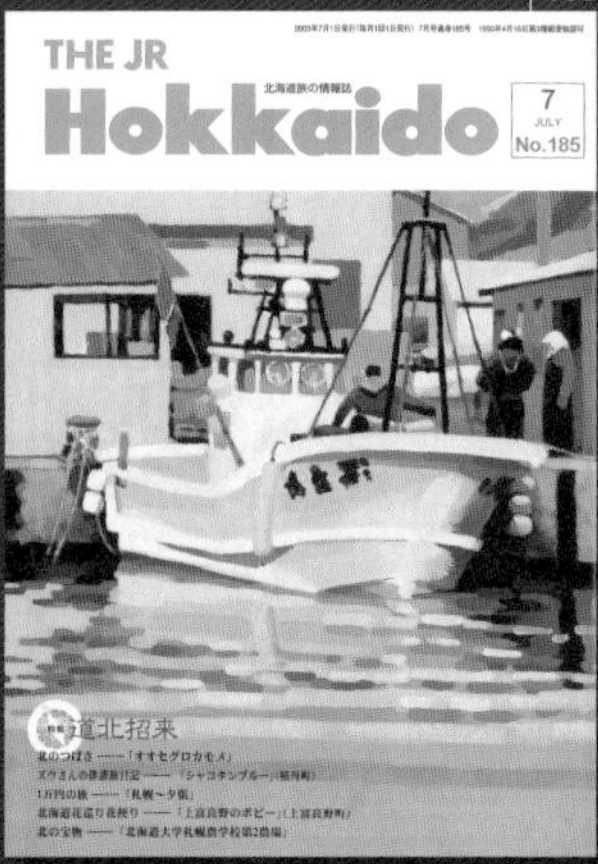

183号 2003年5月号

191号 2004年1月号

190号 2003年12月号

189号 2003年11月号

184号 2003年6月号

197号 2004年7月号

196号 2004年6月号

195号 2004年5月号

194号 2004年4月号

193号 2004年3月号

192号 2004年2月号

206号 2005年4月号

201号 2004年11月号

200号 2004年10月号

199号 2004年9月号

198号 2004年8月号

205号 2005年3月号

204号 2005年2月号

203号 2005年1月号

202号 2004年12月号

212号 2005年10月号

211号 2005年9月号

210号 2005年8月号

209号 2005年7月号

208号 2005年6月号

207号 2005年5月号

219号
2006年5月号

218号
2006年4月号

217号
2006年3月号

216号
2006年2月号

215号
2006年1月号

214号
2005年12月号

222号
2006年8月号

221号
2006年7月号

220号
2006年6月号

213号
2005年11月号

225号
2006年11月号

224号
2006年10月号

223号
2006年9月号

228号
2007年2月号

227号
2007年1月号

226号
2006年12月号

237号
2007年11月号

232号
2007年6月号

231号
2007年5月号

230号
2007年4月号

229号
2007年3月号

236号
2007年10月号

235号
2007年9月号

234号
2007年8月号

233号
2007年7月号

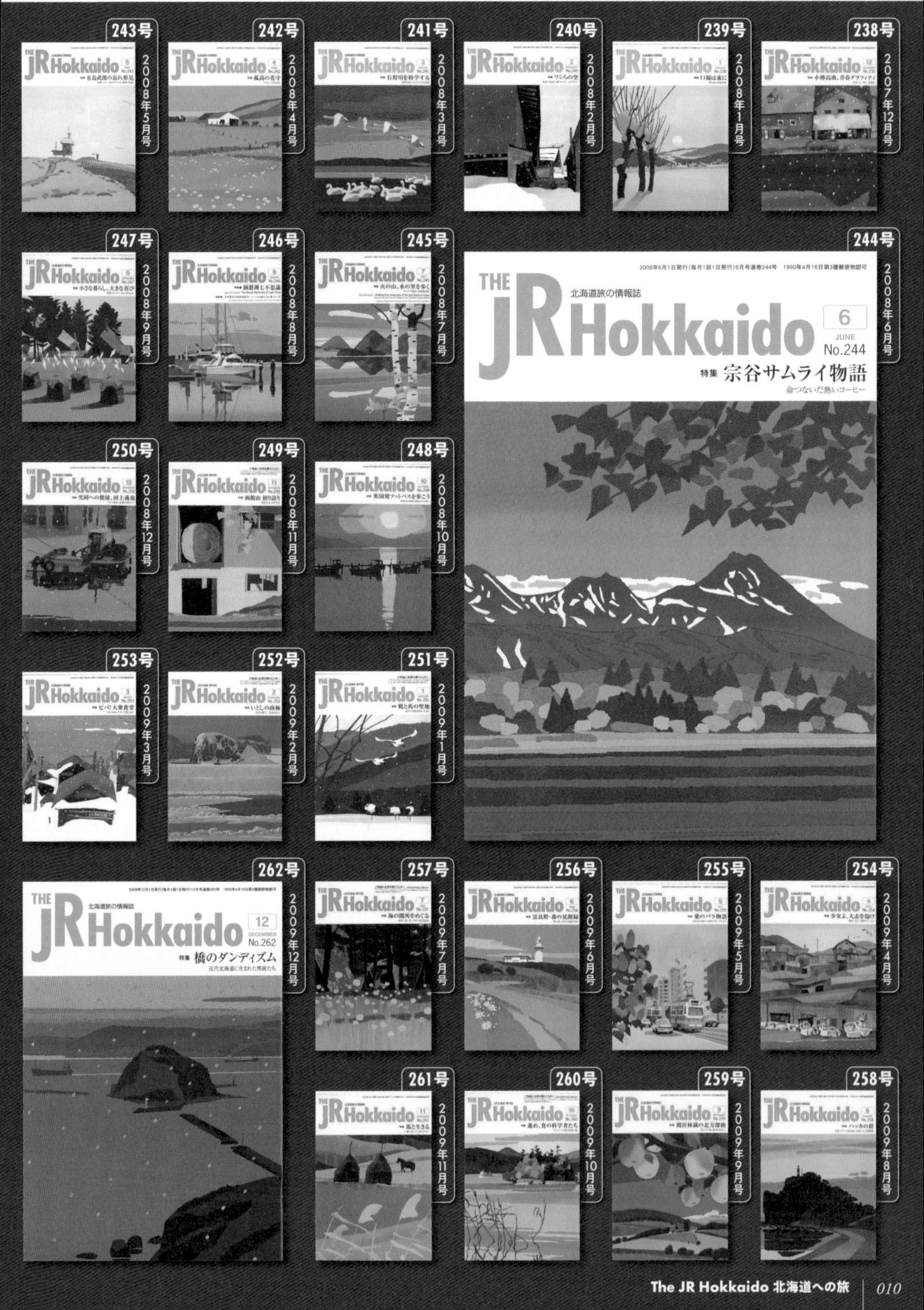
243号
2008年5月号
242号
2008年4月号
241号
2008年3月号
240号
2008年2月号
239号
2008年1月号
238号
2007年12月号
247号
2008年9月号
246号
2008年8月号
245号
2008年7月号
244号
2008年6月号
2008年6月1日発行(毎月1回1日発行)6月号通巻244号 1990年4月16日第3種郵便物認可
THE JR Hokkaido
北海道旅の情報誌
6
JUNE
No.244
特集 宗谷サムライ物語
命つないだ熱いコーヒー
250号
2008年12月号
249号
2008年11月号
248号
2008年10月号
253号
2009年3月号
252号
2009年2月号
251号
2009年1月号
262号
2009年12月号
THE JR Hokkaido
北海道旅の情報誌
12
DECEMBER
No.262
特集 橋のダンディズム
近代北海道に生まれた男前たち
257号
2009年7月号
256号
2009年6月号
255号
2009年5月号
254号
2009年4月号
261号
2009年11月号
260号
2009年10月号
259号
2009年9月号
258号
2009年8月号

268号 2010年6月号

267号 2010年5月号

266号 2010年4月号

265号 2010年3月号

263号 2010年1月号

271号 2010年9月号

270号 2010年8月号

269号 2010年7月号

264号 2010年2月号

277号 2011年3月号

276号 2011年2月号

275号 2011年1月号

274号 2010年12月号

273号 2010年11月号

272号 2010年10月号

282号 2011年8月号

281号 2011年7月号

280号 2011年6月号

279号 2011年5月号

278号 2011年4月号

286号 2011年12月号

285号 2011年11月号

284号 2011年10月号

283号 2011年9月号

292号 2012年6月号

291号 2012年5月号

290号 2012年4月号

289号 2012年3月号

288号 2012年2月号

287号 2012年1月号

298号 2012年12月号
297号 2012年11月号
296号 2012年10月号
295号 2012年9月号
THE JR Hokkaido
北海道旅の情報誌
Some articles are available in foreign languages.
9 SEPTEMBER No.295
特集 古道をめぐる時間旅行
293号 2012年7月号
301号 2013年3月号
300号 2013年2月号
299号 2013年1月号
294号 2012年8月号
307号 2013年9月号
306号 2013年8月号
305号 2013年7月号
304号 2013年6月号
303号 2013年5月号
302号 2013年4月号
312号 2014年2月号
THE JR Hokkaido
北海道旅の情報誌
Some articles are available in foreign languages.
2 FEBRUARY No.312
特集 小説『氷点』、50年の進化
311号 2014年1月号
310号 2013年12月号
309号 2013年11月号
308号 2013年10月号
316号 2014年6月号
315号 2014年5月号
314号 2014年4月号
313号 2014年3月号
322号 2014年12月号
321号 2014年11月号
320号 2014年10月号
319号 2014年9月号
318号 2014年8月号
317号 2014年7月号

328号
2015年6月号

327号
2015年5月号

326号
2015年4月号

325号
2015年3月号

324号
2015年2月号

323号
2015年1月号

332号
2015年10月号

331号
2015年9月号

330号
2015年8月号

329号
2015年7月号

335号
2016年1月号

334号
2015年12月号

333号
2015年11月号

338号
2016年4月号

337号
2016年3月号

336号
2016年2月号

347号
2017年1月号

342号
2016年8月号

341号
2016年7月号

340号
2016年6月号

339号
2016年5月号

346号
2016年12月号

345号
2016年11月号

344号
2016年10月号

343号
2016年9月号

353号

2017年7月号

352号

2017年6月号

351号

2017年5月号

350号

2017年4月号

349号

2017年3月号

348号

2017年2月号

357号

2017年11月号

356号

2017年10月号

355号

2017年9月号

354号

2017年8月号

360号

2018年2月号

359号

2018年1月号

358号

2017年12月号

363号

2018年5月号

362号

2018年4月号

361号

2018年3月号

372号

2019年2月号

367号

2018年9月号

366号

2018年8月号

365号

2018年7月号

364号

2018年6月号

371号

2019年1月号

370号

2018年12月号

369号

2018年11月号

368号

2018年10月号

378号 2019年8月号

377号 2019年7月号

376号 2019年6月号

375号 2019年5月号

373号 2019年3月号

381号 2019年11月号

380号 2019年10月号

379号 2019年9月号

374号 2019年4月号

387号 2020年5月号

386号 2020年4月号

385号 2020年3月号

384号 2020年2月号

383号 2020年1月号

382号 2019年12月号

396号 2021年2月号

391号 2020年9月号

390号 2020年8月号

389号 2020年7月号

388号 2020年6月号

395号 2021年1月号

394号 2020年12月号

393号 2020年11月号

392号 2020年10月号

402号 2021年8月号

401号 2021年7月号

400号 2021年6月号

399号 2021年5月号

398号 2021年4月号

397号 2021年3月号

408号 2022年2月号
407号 2022年1月号
406号 2021年12月号
405号 2021年11月号
404号 2021年10月号
403号 2021年9月号
414号 2022年8月号
413号 2022年7月号
412号 2022年6月号
411号 2022年5月号
409号 2022年3月号
417号 2022年11月号
416号 2022年10月号
415号 2022年9月号
410号 2022年4月号
422号 2023年4月号
421号 2023年3月号
420号 2023年2月号
419号 2023年1月号
418号 2022年12月号
426号 2023年8月号
425号 2023年7月号
424号 2023年6月号
423号 2023年5月号
430号 2023年12月号
429号 2023年11月号
428号 2023年10月号
427号 2023年9月号
The JR Hokkaido
北海道 旅の情報誌
Some articles are available in foreign languages.
May 2022 5 No.411
特集 みんなのジンギスカン鍋 岩見沢で感じる、その多様性
未来へつなぐ 急行列車「花たび そうや」号を運転します
連載エッセイ 人生讃歌 通りすがり 小檜山 博
北海道・東北新幹線、特急列車時刻掲載／JR北海道路線図掲載
April 2023 4 No.422
特集 小樽運河 百年の遺産 歴史文化を未来に
未来へつなぐ「駆け込み乗車」の危険性を伝え、ゆとりある乗車を呼びかけ
連載エッセイ 人生讃歌 夕暮れの街で 小檜山 博
北海道・東北新幹線、特急列車時刻掲載／JR北海道路線図掲載

北海道への旅

The JR Hokkaido

目次

※本書Story1〜16はオリジナルの原稿を再録しました。
登場する人物の肩書きなどは原則として掲載当時のものです。

北海道と鉄道

扉を開いた人々

北室 かず子

Cover story

1 鉄道林と鉄道

北海道を列車で旅していると、針葉樹の林が列車に並走するように現れることがある。疾走する車窓の空を切り取って連なる木々の梢。これは、真冬の脅威から鉄路を守る緑の砦なのである。

土木遺産といえば、日本の近代化に寄与したインフラのこと。橋やダム、防波堤などコンクリート構造物が多い印象だし、実際その通りだ。しかし、宗谷本線沿線には、コンクリート構造物とは対極をなす「森」が土木遺産になっている。線路の左右計十二・七キロ、広さ六十八・四ヘクタールにわたる「宗谷線剣淵士別間鉄道防雪林」だ。育成に尽力した深川冬至の名前から、「深川林地」とも呼ばれている。

そもそも鉄道林の目的は、吹雪の威力を弱めることと、雪が風に吹き寄せられてたまる「吹きだまり」が防雪林の縁や林の中にできるように設計して、線路が埋もれるのを防ぐことにある。

明治時代に手宮（小樽市）から札幌を経て幌内（三笠市）の間に敷設された官営幌内鉄道は、十二月下旬から五月下旬まで札幌以東の運転を休止し、北海道炭礦鉄道の時代から、木枠を組んで板を張り木造トンネル（雪覆い）を設置し始めた。丸太を組んで筵《むしろ》を張った防雪垣も作られた。

防雪には膨大なコストがかかった。後に深川林地が造成された付近も、冬場、地吹雪が荒れ狂い、吹きだまりで線路が埋もれる厳しい環境で、列車が立ち往生していた。

防雪林の効力は、はじめドイツで知られ、青森県でも実証されていた。枝葉や樹幹が風の力を減殺する強固な障壁となってくれるのだ。

さらに、雪囲いや防雪柵は毎年修繕・設置替えを必要とするが、防雪林はそうではない。永久的な施設となって、従来の巨額の出費を減らせる。その上、木材を生み出すので鉄道資材にできる。

一九〇七年（明治四十年）の大雪をきっかけに、北海道でも取り組みが始まった。翌年、防雪林の設置が認可され、造林用の苗木育成に着手した。樹種は寒気に耐え、深根性のもので造林が容易なもの。なるべく常緑樹で風土に適し、特に幼木時に成長の早いものが選ばれた。

蒸気機関車が走るため、煙害に強いことも必須だった。さらに木材としての材質が優れていることも重要なポイントだった。

苗木も自前で育成した。一九〇八年（明治四十一年）には函館本線七飯停車場近くの用地四万四千坪で、翌年には旭川停車場近くの用地三万五千坪で栽培した。アカシアは二年で、トドマツ、エゾマツは五年で移植した。

移植後三年は、夏の下草刈りをこまめにやってやらないと苗が雑草に飲み込まれてしまう。カラマツは移植後、五年ほどで積雪で押し倒されるものが多いので、一本一本、引き起こしてやり、縄や添え木で保護した。木が成長すると間伐も必須だ。また、蒸気機関車への備えで防火線も必要で、表土を掘り起こして雑草を除去したり、雑草が生えにくいようホワイトクローバーの種を播いたりした。

当時、北海道の鉄道総延長は千マイルになろうという時で、遠大な沿線の条件は低湿地あり、海岸地あり、山岳地ありとさまざま。土地に適した樹種を選択する必要があった。主林木としてはトドマツ、エゾマツ、ヨーロッパ産のトウヒ、同クロマツ、同アカマツ、カラマツ、チョウセンマツ、ストローブマツ、スギ、クロマツが、副林木としてヤチダモ、ニセアカシア、ミズナラ、ドロノキ、オニグルミなど、北国を代表する樹種が選ばれた記録がある。

深川林地の場所にも一九一五年（大正四年）にヤチダモが植えられた。しかし、育たなかった。気候だけでなく土壌に問題があったからだ。過湿泥炭地という、水はけが悪いうえ、酸性土壌という樹木にとって過酷な条件だったのだ。専門家はここに防雪林をつくるのは不可能だと断言した。

ここに深川冬至が登場する。当時、名寄保線事務所の林業技手だった深川冬至は、一九二六年（大正十五年）、酸性土壌を改良するために客土し、さらに土壌表面に石灰をまいて中和してから試植した。

選んだ樹種はヨーロッパ産トウヒの一種、ドイツトウヒだ。ドイツトウヒは成長が早く、下枝が枯れにくい特徴がある。自ら水平儀を携帯して広大な林地の地盤測量を行い、水はけのよさを好むドイツトウヒのために多数の排水溝を網の目のように張り巡らせた。

深川は、要所のみに深い立派な排水溝を掘るよりも、素掘りでもいいからとにかく溝を多く掘る方が効果的であることを突き止めた。夏の乾燥時には排水を堰き止めて水を与え、排水溝の深さは樹木の成長に合わせて調整していった。極寒の冬も見回りを欠かさず、きめ細かく生育状況を調べ、ドイツトウヒを大切に育てていった。

過酷な土地での精魂傾けた森づくりは、深川の健康を蝕んだ。過労のため胸を病み、四十五歳で帰らぬ人

Cover story

となってしまう。深川は、防雪林の重要性を訴える論文の結びにこう記している。「今後、科学の進歩に伴っていかに機械除雪が発達するにしても、線路の防雪は機械除雪と林の両者があってはじめて完璧になると信じる」。深川林地は、宗谷一帯約百六十四キロ余りの鉄道防雪林の基礎となった。

ところで、北海道の広大な大地を知り尽くしていたのは先住民族アイヌである。幕末、蝦夷地を六回にわたって踏査した松浦武四郎は、アイヌの人々の案内で内陸に分け入ることができた。アイヌの人々は川の達人で、舟で川を行き来した。明治時代になって、うっそうたる原生林に覆われた内陸部に馬と人が通れる道を開いたのは、集治監の囚徒である。過重労働と栄養失調で多くの犠牲者を出しながら、旭川と網走を結ぶ北見道路が明治二十年代にようやく開かれた。そうした時期に、千六百キロを馬と自らの足で踏査したのが、土木技術者の田辺朔郎だ。

一八九六年（明治二十九年）、七月二十八日に札幌を出発。神居古潭、旭川、永山を経て石北峠を越える。オホーツク海沿岸へ出て湧別、網走を回り、硫黄採掘が盛んに行われていた硫黄山（アトサヌプリ）を視察。標茶を経て釧路に出、太平洋沿岸を尺別、大津、十勝川、広尾とたどり、急峻なえりも岬を越えて浦河、鵡川、勇払に至り、八月二十四日、札幌に帰った。本州以南のように既に街道が整備され、宿場町があり宿や食事が得られるのとは全く違う。ヒグマやオオカミの気配におびえ、常時襲ってくる蚊虻に視界を塞がれながら、険しく狭い、馬一頭がやっと通れる道だ。

田辺は探検家ではない。若くして東京帝国大学工学科大学教授となっていた。その経歴を振り返ると秀才ぶりがよくわかる。工部大学校（現・東京大学）土木工学科在学中、学校推薦で琵琶湖疎水工事の技術者となり、「琵琶湖疎水工事ノ計画」という論文を書いた。

これに驚嘆したのが、当時の京都府知事・北垣国道だった。卒業後、京都府御用掛に任命され、世紀の大事業、琵琶湖疎水の工事を担当した。この水を利用する日本初の水力発電所の工事も手掛けた。この工事に先立ち、アメリカの水力発電を調査。ワシントンのポトマック運河、ボストンの電気工事と水道工事を視察している。日本初の水力発電所が竣工した年、北海道では囚人労働で旭川と網走を結ぶ道がようやく開かれた。

第四代北海道庁長官に就任した北垣は、日本が近代国家として発展していく上で北海道開発がきわめて重要であると意欲を燃やした。そして、北海道開発の要は官設鉄道の建設であるとの信念をもっていた。そこで道庁内に鉄道建設委員会を設け、田辺朔郎にその委員を委嘱したのだ。

田辺は、北海道の深山幽谷に分け入る踏査によって地形を体に叩き込んだ。そして第一期に着工すべき路線を釧路～帯広、旭川～富良野、旭川～ピップ原野とした。

一八九七年（明治三十年）、臨時北海道鉄道敷設部長となり、上川線（空知太～旭川）、天塩線（旭川～名寄）、十勝線（旭川～落合）、釧路線（釧路～帯広）の測量から鉄道工事を指揮した。北海道東部の鉄道起点を釧路と決めたのも田辺だ。

鉄道敷設の第一条件は、距離を短くして工費を抑えることである。工事の難易度を考え、切土や盛土の土量運搬を小さくする。道路ならヘアピンカーブも可能だが、鉄道ではありえない。こうした難しさを踏まえて、北海道の背骨、日高山脈をどう越えるかの難題にも、田辺は自らの体で答えを出した。

この踏査は固雪の早春に行われた。米、みそ、塩鮭などを馬に積んで山に入り、野営を重ねた。山中の夜はマイナス二十度に冷え込んだ。幾寅のあたりは松浦武四郎がアイヌの人々を道案内に入って以来、歩いた和人はいなかったとされる。そしてたどりついたのが日高山脈の鞍部《あんぶ》のひとつだった。山すそからの地形を考え、鉄道を通せる唯一の鞍部を、田辺は石狩国と十勝国を結ぶ意味で狩勝峠と名付けた。

技術者としてのたぐいまれな知識と技術。それに加えて、生身の体で北海道に向き合った田辺。近代国家建設のために、北海道の未来のために、魂を傾注した技術者の気概が鉄路を拓いたのである。

2 港と鉄道

日本初の鉄路は、港を目指した。新橋から、文明開化の窓となった港、横浜へ。一八七二年（明治五年）のことだった。

新橋駅で催された式典の後、明治天皇、有栖川宮親王、太政大臣の三条実美、鉄道頭の井上勝、さらには西郷隆盛、大隈重信、板垣退助、勝海舟、山縣有朋、江藤新平、渋沢栄一らと、イタリア、アメリカは、イギリス、フランス、スペイン、オーストリア、ロシアの全権公使や代理公使が乗車。琉球王朝からも琉球使節が派遣された。要人を乗せてお召し列車は新橋〜横浜間を往復運転した。

北海道の鉄路も港を目指した。しかし、両者には大きな違いがある。北海道では、資源を運ぶことが目的だった。北海道の資源をひたすら港から出すために。このことは、北海道の近代を象徴しているように思える。資源と港とを結んだ北海道の鉄路。その歴史を振り返ってみよう。

安政年間、箱館が開港場となり、次々に来航する外国船は燃料である石炭の供給を求めた。幕府は一八六四年（元治元年）、茅沼炭山の開発に着手。何度かの中断を経ながら、イギリス人鉱山技師イラスムス・ガールと機械技師ゼームス・スコットの指導のもと、開発を進めた。

明治維新を迎え、一八六九年（明治二年）、明治政府の開拓使は、茅沼炭礦の坑口から海岸まで軌道を設けた。鉄張りの木軌条だったとされている。これが茅沼炭礦鉄道のはじまりだ。

設計はガールとスコットが行った。石炭を積んだ一トン車を手動のろくろで緩やかに降下させると、下の空車が車小屋まで引き上げられるという仕組みだ。積車に牛を載せておき、帰りは牛が牽いて登った。後に馬も使用した。坑口から茅沼海岸までの二十四町（約二・六キロ）の間、軌間二フィート六インチ（七百六十二ミリ）の軌条だった。

あくまでも「木」軌条で、かつ動力が畜力だったことから、現代では「鉄道」ではないとする見解が一般的である。しかし、一九一八年（大正七年）に鉄道省が発行した『日本鉄道史』では、この木製軌道を日本最初の軌道としている。さらに一九七六年（昭和五十一年）に国鉄北海道総局が発行した『北海道鉄道百年史』も、「明治二年に敷設されたわが国最古の鉄道」と記している。木軌条が鉄製の「鉄道」になったのは一八八一年（明治十四年）だったが、新橋～横浜間よりも早くに石炭と海をつなぐ鉄路の萌芽が北海道にあったのだ。

もちろん、北海道初の「鉄道」である官営幌内鉄道も、幌内炭山の良質な石炭を小樽港から積み出すために敷設された。幌内（三笠）から岩見沢、札幌を経由し小樽に至るには、札幌～小樽間の断崖を通らねばならず、当初は不可能と考えられていた。しかし米国人技術者のジョセフ・クロフォード（P36参照）が、断崖に車馬が通る道を開くことに成功。道が波をかぶっても崩れないよう、排水溝を掘るなど工夫を凝らした。

釧路でも、硫黄山の硫黄を釧路港から積み出すために釧路鉄道ができた。明治時代、硫黄は外貨を獲得できる重要な輸出品だった。その積み出し港となることで、釧路港は整備が進められ、近代港湾へと脱皮する切符を手に入れた。

鉄道の起点と終点は、開拓使本庁舎が置かれた札幌や、近世から和人が活動していた道南ではない。あくまでも資源と港だ。そうした関係を象徴する巨大な木造構造物が、石炭積み出しのための高架桟橋である。

全く同じ姿形の高架栈橋が、小樽の手宮停車場と室蘭停車場に存在した。両者は背景をよほどじっくり観察しなければ見分けがつかないほどそっくりだった。

小樽、室蘭ともに一九一〇年（明治四十三年）二月に着工し、翌一九一一年に完成した。長さは小樽が三百九十八メートル（水面部二百八十九メートル陸上部百九メートル）、室蘭は五百八十二メートル（水面部三百六十メートル・陸上部二百二十二メートル）。高さは両者とも満潮時の水面から約十九メートル。現代の鉄筋コンクリートビルの六～七階に相当する高さの木造構造物だった。しかも、この構造物の上を重たい石炭を満載した貨車が移動したのだ。いったいどんな音が海面に響き渡ったのか。

匂いは想像できそうだ。建築資材となった道産のトドマツ、エゾマツは、船蟲（テレドー）や海虱（リムノリヤ）といった海虫に虫食いにされないよう事前にクレオソートが注入された。これは砂川停車場の近くに設けられた砂川木材防腐工場で行われた。同工場は、鉄道延長によって木材消費がますます多くなり、枕木など木材の価格高騰も続く中、耐久性の高い木材供給のために建てられたものだ。

高架栈橋以前の積み込みはというと、はしけ船に板を掛け渡し、作業員の肩に担ぐ天秤棒籠積法や叺《かます》を使う叺積法が行われていた。積み込み船一艘に対し一時間で積み込める量は、叺積が六百～八百人で百七十トン。籠積が四百七十人で二百四十トン。高架栈橋はなんと、百四十人で五百トンという驚異的なコストパフォーマンスだった。のみならず叺や籠では積み込みの際に石炭が二割も海中に落ちたのに、高架栈橋はほとんどなく、積み込み量を正確に測ることもできた。

速く、大量に、正確に。それはまさに近代の象徴だ。今も実在していたら、第一級の産業遺産として世界文化遺産になるに違いない。

これに先立ち、大きな役割を果たしたのが防波堤だ。江戸時代の鎖国によって日本は築港技術が停滞していた。明治時代、いざ、国際社会の仲間入りをするにあたって港の整備には海外から高給で土木技術者を雇わなければならなかった。しかし彼らが手掛けた野蒜港（宮城県）の突堤は波で破壊され、横浜港ではコンクリートブロックに亀裂や崩壊が生じ、巨大なエネルギーを有する波の力に敗れていた。当時の土木工学において、海洋中に防波堤という人工物を作ることは世界的に最も困難な分野の一つだったのだから仕方ない面もある。波の動きが全く未解明で、とてつもない力に抗する構造物を造る機械力もなかった。

その困難な技術確立の扉を開いたのが札幌農学校卒業生の廣井勇だった。札幌農学校卒業後、米国に渡り、橋の設計や鉄道工事に従事し、帰国後は北海道庁技師と母校の教授を兼務。その後、小樽築港工事事務所長に就任した。

小樽港北防波堤は一八九七年（明治三十年）に着工し、一九〇八年（明治四十一年）に竣工した。廣井はこの工事でいくつものイノベーションを成し遂げた。まず、波の激しい箇所では基礎の上にコンクリートブロックを斜めに傾けて置いた。これにより隣り合うブロックがもたれ合って波力に対する抵抗を増す。

世界を見ると、海の覇者、大英帝国の先進技術が注がれていたインドのマドラス港やスリランカのコロンボ港で試みられていたが、日本では初だった。また、当時は高価な輸入品だったセメントを節約するために火山灰を配合してみた。するとコンクリートの耐海水性が高まった。この原理はヨーロッパで発見されていたが、重要な工事で大量に使われたのは世界初だった。

さらにはコンクリートの長期耐久性を調べるため、さまざまな配合で六万個もの供試体を作り、現在も経年変化を調べる研究が続いている。そして究極の難問だった波力を究め、波力の算定式を作り上げた。驚くべきことに、それは昭和五十年代まで実地の港湾工事で使われるほど正確なものだった。

近世以来、蝦夷地と大坂（大阪）を結んでいたのが北前船だ。北前船とは、大阪から瀬戸内海を経由し、

Cover story

関門海峡を通って日本海に出て北上し北海道に至る航路だ。積み荷のメインは北海道から積み出される鰊粕、干鮭、昆布で、特に鰊粕は肥料として西日本の農業に革命をもたらした。濃厚な肥料を欲する綿花の栽培に効力が高かったのだ。日本の近代化において繊維産業は工業化の扉を開いたといえるが、それを支えていたのは北海道の海の豊かさだったのである。

北前船は、各地に寄港しながら米、みそ、しょうゆ、酒などの生活物資を北海道に運んだ。各地で求められる物資を仕入れたり売ったりすることで大きな利益を上げた。北前船主は一度の航海で現在の貨幣価値で一億数千万円もの利益をあげた。買積という地域差を利用したビジネスモデルだ。幌内鉄道開通後の小樽は、札幌の外港として、石狩平野への移住者と生活物資を受け入れ、大いに発展した。北前船の交易が最大となったのは実は明治時代で、港は小樽なのだ。

こうして富を蓄積した北前船主たちが残したのが小樽の石造倉庫である。これも倉庫業という新しいビジネスモデルであり、今につながっている。

函館は幕末に開港場となって外国人が居留するようになり、領事館や教会が建てられ、西洋の生活様式も持ち込まれたため、ハイカラな洋風文化が香る街となった。明治時代初期には日本郵船によって全国の主要港と結ばれた。

鉄道との接点が大きくなるのは一八九一年（明治二十四年）のこと。上野・青森間の東北線が全通し、青函航路の利用が躍進した。それに先立ち函館港の港湾改修の調査・設計にあたったのも廣井勇だ。土砂が堆積していた港内の浚渫、防波堤築造、埋め立て等を函館区の事業として行った。

一九〇五年（明治三十八年）に函館〜小樽間の北海道鉄道（民営）が開通。翌一九〇六年は、鉄道国有法によって全国の幹線鉄道が国有化されるという、鉄道にとって大きな節目の年となる。一九〇八年には青森〜函館間の青函航路に国鉄直営の青函連絡船が運航を始めた。連絡船にはタービン機関を装備した英国製の最新鋭船が就航し、驚異のスピードで津軽海峡を渡った。こうして函館は上野と小樽を結ぶ結節点となり、大きく発展していく。一九一〇年には停車場近くに木造T字型桟橋が完成し、連絡船の横付けが可能になった。すると桟橋の上の旅客乗降場から長距離列車が発着するようになった。当時の写真を見ると、幅の広い木造桟橋の横にしゃれた列車が止まり、山高帽をかぶりステッキを持った人々がさっそうと歩いている。大正時代後半には木造桟橋に代わって埠頭が竣工。鉄筋コンクリート三階建てで食堂や理髪店の入った函館待合所が登場している。

そのほか、日本海側屈指の良港・留萌港は、羽幌炭礦の石炭積み出し港として発展した。この留萌港へ向けて内陸の深川から一九一〇年(明治四十三年)十一月に開業した留萌線は、空知、上川一円の農作物を運んだ。増毛に伸びたのは一九二一年(大正十年)のことである。

最北の港まち・稚内まで鉄路が到達したのは一九二二年のこと。名寄から音威子府へ、そこから天塩山地を越えてオホーツク海側に出て、浜頓別、猿払を経由するルートだった。

音威子府から天塩川に沿って佐久(現中川町)、幌延へ北上し、抜海を通って稚内に至るのは一九二六年(大正十五年)。どちらも当時の駅は現在の南稚内駅だった。一方、南樺太の大泊と稚内を結んだ稚泊航路は一九二三年五月一日に開通していたから、乗客は現南稚内駅の場所から桟橋まで歩いた。

この不便を解消するため、一九二八年(昭和三年)に現在の場所に稚内駅が開業した。一九四五年(昭和二十年)八月十一日のソ連軍の南樺太侵攻後、稚泊航路は命がけで故国へ帰ろうとする引き上げ者を運び、稚内駅はその人々を迎えた。

北海道の鉄路はひたすらに港を目指した。北海道の豊かさを近代日本建設の礎石とするために。

Cover story

3 れんがと鉄道

流れる車窓の動きがゆっくりになって列車が駅に近づくと、北海道の駅の多くで見えてくるのがれんが倉庫だ。現役の農業倉庫もあれば、別の用途に使われているものもある。この土地で人々が流した汗と実りを物語る色だ。

そもそもれんがの寸法が、れんがを積む人の手の平の大きさに合わせて決められたのだ。しかも利き腕は鏝《こて》を持って作業するので、利き腕ではない、力の弱い方の手でつかめる大きさでなければならなかった。れんがは生身の肉体とつながっているのである。それでいて、れんがは近代を象徴する建材だ。粘土さえあればどこでも無限に作り出すことができ、堅牢で耐火性が高い。

近代の申し子・鉄道はれんがと縁が深い。そこに宿命のように関わるのが平井晴二郎である。

平井は一八五六年（安政三年）、金沢城下に生まれ、大学南校（現・東京大学工学部）で学んだ後、国命で米国ニューヨーク州のレンセラー大学に四年間留学。シビル・エンジニアの学位をえた。州都オールバニーの隣町にあり、オールバニーにはオランダからの移民が多く、れんがを外壁に剥き出しにするタイプの建築が多い。平井の留学中に州庁舎の建築も行われていた。大学で学んだ専門知識と留学先で見た建物の外観デザインに刺激を受けたに違いない。

帰国後、開拓使に奉職し、官営幌内鉄道の敷設に携わる。鉄道施設は機関車の火の粉への備えから不燃性が求められる。幌内鉄道でも倉庫、機関車庫、橋脚などにれんがを用いた。平井はれんが造りの機関車庫三号を設計した。一八八五年（明治十八年）の竣工で、日本の現存最古の機関車庫である。この機関車庫をはじ

めとする危険品庫、貯水槽、転車台、擁壁などからなる旧手宮鉄道施設は小樽市総合博物館本館の国の重要文化財となっている。

機関車庫三号は、外壁がフランス積みで華麗に仕上げられ、内側はイギリス積みだ。レンガは札幌郡白石村（現・札幌市白石区）の鈴木煉瓦製造場や東京の小菅集治監が製造した。

白石でのれんが製造は一八八二年（明治十五年）、駒崎小平がこの地で原料用粘土を発見したのが始まりだ。れんがの製造を試み、駒崎平一がこれを引き継いだ。

一八八三年（明治十六年）、石川県出身の遠藤清五郎が工場を設けて瓦二千五百枚、陶器八千個とともにれんが二万個を製造した。

一八八四年（明治十七年）、鈴木佐兵衛が現平和通七丁目付近に煉瓦製造場を設け、長男の豊三郎が操業にあたり遠藤清五郎の事業も継承した。鈴木は東京小菅の盛煉社に勤務後、秋田県でも鉱山用レンガを製造していた。その後、北海道庁旧本庁舎は主に鈴木煉瓦が使われたことで有名になった。

製麻会社、製糖会社などの建築に使われて需要が増える。豊三郎は事業拡張に努め、室蘭など数カ所に分工場を設けるとともに形状と製造を大改良。白石村会議員も務め、北海道庁を通して北海道炭礦鉄道に白石停車場敷地などの土地を寄付して銀杯を与えられている。

一九〇三年（明治三十六年）、北海道炭礦鉄道の白石駅ができると、農作物の移出、諸雑貨の移入で白石村が発展。一九〇八年、白石停車場前にできたのが白石耐火煉瓦合資会社だ。蒸気機関車の炊き口煉瓦を主に製造したと記録にある。

れんがのまち白石を代表する鈴木煉瓦製造場には「明治十七年九月幌内鉄道事務所技師平井晴二郎の特命

Cover story

で白石にれんがが工場を創置した」という記録がある。平井は札幌のれんが生産のはじまりにも深く関与していたのである。

北海道を代表するれんが建築物、国重要文化財の北海道庁旧本庁舎（赤れんが庁舎）を設計したのも平井だった。道庁の優秀な技師団を率いる設計主任を務めた。赤れんが庁舎のれんがは鈴木煉瓦製造場が主体となって納めたのは前述の通り。資材の生産や物流システム自体が未開発だった当時、平井は、れんがという文明のピースを社会に埋め込んだともいえるだろう。

「れんがと鉄道」で真っ先にイメージされるのは、赤れんがの東京駅だろう。近代日本の建築の泰斗・辰野金吾が完成させた日本の中央ステーションだ。

平井はここにも関係している。赤れんが庁舎の完成を待たずに東京に戻った平井は、一九〇四年（明治三十七年）には鉄道作業局長官になる。一九〇七年の帝国鉄道庁の発足に伴い、総裁に就任。鉄道国有法に基づき私鉄の国有化を完了させた。

そして翌年、鉄道院発足で総裁・後藤新平の下で副総裁に就任。この時、中央停車場（東京駅）の建設工事が始まった。後藤新平は、後に関東大震災の復興計画を指揮した帝都の草案者で、「大風呂敷」とも呼ばれた希代の都市計画家だ。後藤は辰野に対し、近代日本の威を内外に示し、国家意識を鼓舞する壮麗な建築を求めたという。若き日に手宮の機関車庫や赤れんが庁舎の図面を自ら引き、れんがと近代建築を知り尽くしている平井がそこにいたことを想像すると、なんだか楽しくなってくる。

手宮機関車庫のある小樽、赤れんが庁舎のある札幌は、青函トンネルによって東京駅と一本のレールでつながった。東京駅のホームを滑り出た新幹線が、そのまま小樽へ、札幌へ入ってくる日も遠くない。

北室かず子
札幌在住のノンフィクションライター、編集者。1962年生まれ。91年から「The JR Hokkaido」の編集に関わり、2006年からは巻頭特集記事の執筆を一手に担っている。著書に『北の鞄ものがたり』（北海道新聞社）ほか。

「The JR Hokkaido」掲載路線図

関連年表

1987年
- 国鉄が全国六つのJRに分割されJR北海道が発足
- 車内誌『THE JR HOKKAIDO』創刊
- 幌内線（岩見沢駅～幾春別駅）廃止

1988年
- 青函トンネル開通
- 寝台特急「北斗星」「ニセコエクスプレス」運転開始
- 松前線（木古内駅～松前駅）、歌志内線（砂川駅～歌志内駅）廃止

1989年
- 北海道ちほく高原鉄道「ふるさと銀河線」開業
- 「クリスタルエクスプレス トマム&サホロ」運転開始
- 標津線（標茶駅～根室標津駅）、同厚床支線（中標津駅～厚床駅）、天北線（音威子府駅～南稚内駅）、名寄本線（名寄駅～遠軽駅）・同湧別支線（中湧別駅～湧別駅）廃止

1990年
- 特急「スーパーホワイトアロー」運転開始

1992年
- 新千歳空港駅開業、快速「エアポート」運転開始
- 「ノースレインボーエクスプレス」運転開始

1994年
- 振り子特急「スーパー北斗」運転開始
- 函館本線上砂川支線（砂川駅～上砂川駅）廃止

1995年
- 深名線（深川駅～名寄駅）廃止

現在

「The JR Hokkaido」
2023年12月号から

1997年
・新型振り子特急「スーパーおおぞら」運転開始

1998年
・新型ノロッコ号運転開始

1999年
・札幌駅南口に地下街「アピア」がオープン
・SL「すずらん号」運転開始

2000年
・特急「スーパー宗谷」運転開始

2001年
・旧手宮鉄道施設機関車庫三号が国の重要文化財となる

2002年
・特急「スーパー白鳥」「白鳥」運転開始

2003年
・札幌駅南口に「札幌ステラプレイス」、JRタワー、大丸札幌店開業

2006年
・北海道ちほく高原鉄道ふるさと銀河線（旧池北線、北見駅～池田駅）廃止

2007年
・特急「スーパーカムイ」運転開始

2012年
・学園都市線電化開業

2014年
・江差線（木古内駅～江差駅）部分廃止

2016年
・北海道新幹線開業
・留萌本線（留萌駅～増毛駅）部分廃止

2019年
・石勝線夕張支線（新夕張駅～夕張駅）廃止

2020年
・札沼線（北海道医療大学駅～新十津川駅）部分廃止

2021年
・日高本線（鵡川駅～様似駅）部分廃止

2023年
・留萌本線（石狩沼田駅～留萌駅）部分廃止

2020年10月号掲載

Story 1

「鉄道」を拓いた一番星たち

――クロフォードのもとに集え！

米国から来た助っ人

一八七八年（明治十一年）十二月、アメリカ人ジョセフ・ユリー・クロフォードは、太平洋を渡る長旅の末、東京に到着した。幌内炭山（現・三笠市）の石炭を港まで運ぶ鉄道などの建設のため、開拓使（北海道開拓を担う国の機関）に招かれたのだ。

クロフォードは炭鉱と鉄道のエキスパートだ。米国フィラデルフィアのペンシルベニア大学で土木工学の

測量機器トランシットとともに小樽市総合博物館本館に立つクロフォード像。1929年建立だが戦争中に金属供出され、戦後、手宮駅前（当時）に再建された

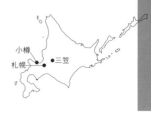

専門教育を受け、卒業後はペンシルベニア州のコールヒ炭山、ミッドルボールト炭山を担当。アトランティック鉄道をはじめ数十カ所の鉄道測量と建設に携わり、ロサンゼルス鉄道、インデペンデンス鉄道の建築監督などを務め、テキサス鉄道、パシフィック鉄道で重要な地位に就いていた。しかも気力体力ともに充実の三十六歳。若さと学識と経験を併せ持つ、最高の人選であった。

明治政府は「富国強兵」「殖産興業」を掲げ、欧米の技術を導入して近代化を図ろうとしていた。その助っ人として招かれたのがお雇い外国人と呼ばれる外国人技術者だが、半数以上はイギリス人。日本初の官営鉄道・新橋〜横浜間にもイギリスの技術が導入された。しかし

組み立てを終えた弁慶号とクロフォードら技術者たち(北海道大学附属図書館所蔵)

北海道は、本州とは自然環境も開発の歴史も異なる。開拓次官(当時)の黒田清隆は、自然環境が似ていて、大規模な開拓事業を遂行中のアメリカから技術を導入することに。クロフォードの招聘《しょうへい》にはそうした背景がある。

二〇二〇年は、北海道初の鉄道、官営幌内鉄道の手宮《てみや》(小樽)〜札幌間の開通から百四十年。当時の困難な工事の様子をはじめ、北海道開発を支えた鉄道の歩みを知ることができるのが、小樽市総合博物館本館と三笠鉄道村だ。というのも幌内鉄道のルートの一部は後年、旧国鉄手宮線と幌内線になったが、小樽市総合博物館本館は手宮駅があった場所であり、三笠鉄道村は幌内駅と幌内太駅《ほろないぶと》(三笠駅)

旧手宮鉄道施設の転車台で方向転換するアイアンホース号。右が機関車庫三号(1885年)、左が一号(1908年頃)

アイアンホース号は1909年生まれの111歳。米国ポーター社製で南米の農場や米国のテーマパークで働いた後、小樽へ

全国でも貴重な蒸気機関車の動態保存を支える皆さん

アイアンホース号はバルブや噴射力の調整もすべてアナログ。蒸気機関車を知る国鉄OBの技術が継承されている

の場所なのだ。しかも、ともに動態保存された蒸気機関車に乗車できる。

小樽市総合博物館の機関車庫（一号、三号）、転車台《てんしゃだい》、貯水槽、危険品庫、擁壁などからなる旧手宮鉄道施設は国の重要文化財に指定されている。学芸員の佐藤卓司さんは「蒸気機関車時代のシステムが残っている近代化遺産として重要ですし、蒸気機関車アイアンホース号に乗車いただける意義も大きいと思います。百四十年の節目で、先人の苦労と鉄道によって地域が繁栄していった歴史を振り返っていただきたいです」と語る。機関車庫三号は日本最古のレンガ造機関車庫だ。鉄道施設は機関車の火の粉への備えから不燃性が求められ

機関車庫三号は1885年建築で現存する日本最古のレンガ造機関車庫。壁面レンガは華麗なフランス積みで窓下に札幌軟石と小樽軟石をあしらっている。内部は2室。1室は石造八角柱で支え、もう1室は機関車を吊り上げ修繕できる構造。レンガの刻印（写真左）から東京・小菅集治監や札幌・鈴木煉瓦で製造されたことが解明されている

小樽市総合博物館本館内に展示されている7100形蒸気機関車（しづか号）。官営幌内鉄道で最初に走った義経号、弁慶号と同形式の蒸気機関車だ。1884年米国ポーター社製

機関車庫三号内に復元された創建時のピット。上の車両は北海道初の国産蒸気機関車大勝号（1895年製）

北海道の鉄道がここから生まれたことを記念して1942年、手宮駅構内に建てられた北海道鉄道開通起点標。北海道における鉄道起点（ゼロマイル・ポイント）である

小樽市総合博物館本館

小樽市手宮1丁目3-6　☎0134-33-2523。9:30～17:00、火曜休館（祝日の場合は翌日）。一般400円（冬期300円）、高校生・市内在住70歳以上200円（冬期150円）、すべて税込み

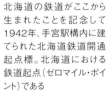

る。米国レンセラー工科大学に学んだ平井晴二郎が、不燃性の高いレンガ建築に挑んだ二十代の仕事である。平井は北海道庁旧本庁舎（赤れんが庁舎）も設計し、後年、鉄道作業局長官を経て、帝国鉄道庁総裁に就いた。

不可能を可能に

開拓使で官営幌内鉄道と炭鉱を担ったのは、札幌本庁煤田開採《ばいでんかいさい》事務係だった。総責任者が大書記官山内隄雲《やまのうちていうん》、事務副長が松本荘一郎。山内は、江戸の武士階級出身で少年時代から英語を学び、幕末、渡欧使節の通訳を務めた四十歳。松本は平井の先輩で大学南校（現・東京大学）から米国レンセラー工科大学に留学して土木工学を専攻

現在の朝里駅～銭函駅間の道路開削工事。中央にクロフォードが見える（北海道大学附属図書館所蔵）

した三十一歳だった。

　幌内炭山の石炭はきわめて良質で埋蔵量も多く、日本が近代国家を目指すうえで喉から手が出るほど欲しい資源である。しかし、当時、北海道内陸部への交通は川がメインで、陸路は馬を継いで人や荷物を運ぶ駅逓《えきてい》がある程度だった。宝の山をどうやって運ぶのか。

　当初、開拓顧問ホーレス・ケプロンは黒田清隆に二案を提示した。一つは幌内から鉄道で石狩川河畔に運び、船で小樽へ運ぶ案。もう一つは幌内から室蘭港へ鉄道を敷設する案。室蘭は小樽より本州各都市に近い。しかし室蘭まで鉄道を敷く資金が政府にはなかった。

　札幌農学校教頭のW・クラークは、室蘭港は後背地が狭く、沿線は火山灰地で開発可能性が低いとして、幌内から小樽へ鉄道を敷設すべしとした。札幌農学校教師のホイーラーは札幌から運河を掘って石狩川に通し、小樽へ船で運ぶ案も調査した。

1880年10月24日、弁慶号の試運転が行われた。橋は長さ約91m、高さ約8mの入舟陸橋。足場なしで石台に直接組み上げ、わずか9日で完成させた（北海道大学附属図書館所蔵）

　結局、幌内から石狩川に面した幌向太《ほろむいぶと》（現・岩見沢市）まで鉄道を敷設し、船で石狩川を下って小樽港に輸送する案と、幌内から小樽へ直接鉄道を敷設する案に絞られた。しかし実際、開拓使は熊碓《くまうす》

現在の朝里駅〜銭函駅間に開削された道（北海道大学附属図書館所蔵）

や張碓《はりうす》の断崖がある小樽への鉄道敷設は不可能と考えていた。

一八七九年（明治十二年）二月、北海道に着任したクロフォードが最初に行ったのは、開拓使の調査を見直すこと。まず、幌内〜幌向太の鉄道予定線を測量し、費用を算出した。幌向太は沼地が多く船への積み替えは手間もコストもかかる。次に、小樽案の熊碓や張碓の断崖で波浪、土砂の流出状況などを調べ、最も急峻な部分の道路開削を試みた。平時の潮位から四メートル以上高いところを開削して山側には排水溝を掘ることで、波浪による道路崩壊を防ぐ策も実行した。六月に本格的に工事を開始したが、熟練した石工《いしく》が足りず本州から雇い入れた作業員もコレラの流

三笠市内に残る旧幌内炭鉱の立て坑

三笠鉄道記念館には明治時代以来の鉄道資料、時刻表、制服、SL模型など多数の展示がある。写真は触れて点滅できる信号機

三笠鉄道村の三笠ゾーン（クロフォード公園）にある幌内太駅。ここから旧幌内線の廃線跡約2.5kmを三笠トロッコ鉄道に乗車できる

行による検疫で船が停船となり、人員不足に泣く。九月、十月は暴風雨にも見舞われた。しかし十一月、小樽～札幌間に車馬が通る道を予算五万円に対し四万四千円余りで仕上げた。道は頑丈で鉄道敷設にも十分耐える。難関をクリアしたクロフォードは小樽案を主張し、開拓使はこれを受け入れた。

こうして技師長・クロフォード、副長・松本荘一郎、助手・高橋宗吉、小野琢磨、通訳兼測量・佐藤勇という陣容で、幌内鉄道工事が始動した。佐藤は土木技術と語学を生かすため札幌農学校を中退して加わった。同時に幌内炭山の大坑道開削も始まった。クロフォードは機関車やレールの購入と助手雇い入れのため、米国へ戻る。留守中の

石炭をS-304号の火室に入れる国鉄OBの南勝利さん。午前10時からの運行のために朝5時から火入れする

官営幌内鉄道の工事で難題だった橋梁建設の様子がわかる三笠鉄道記念館のジオラマ

「ブワボーッ」という汽笛とともに走り出したS-304号。蒸気機関のうなりが体に響いてきて、機関車が生きていると実感

三笠鉄道記念館で動態保存されている蒸気機関車S-304号

三笠鉄道記念館

三笠市幌内町2丁目287　☎01267-3-1123。9:00～17:00、月曜・10月16日～4月15日休館、一般530円、小中学生210円（すべて税込）

指揮は松本が執り、一八八〇年（明治十三年）一月、小樽の若竹町トンネル工事に着手した。

　しかし暖冬少雪で馬橇《ばそり》が使えず、木材調達が滞る。米国でも鉄道延伸とパナマ運河開発が重なって、工場が日本の注文に応じてくれない。クロフォードの滞米は長引いた。

　六月、ようやくクロフォードが技術者を伴い、戻ってきた。土木技師J・D・ブラウン、鉄道敷設技師J・レイノルズ、同助手J・ホウイラン、車両組立技師D・G・ストリックランド、機械技師H・C・ハロウェイらだ。鉄橋技師S・D・ウインも遅れて合流。まぶしいばかりのプロフェッショナル集団である。

　手宮海岸埋め立て、入舟町《いりふね》陸橋架設、札幌〜銭函間の土木工事、手宮工場建設と、破竹の勢いで工事は進む。九月、アメリカ帆船トベイ号が鉄道資材を満載して到着した。手宮桟橋は、ハロウェイの指揮により、船に載せた杭打機で杭を打ち込んで築造する驚異的技術でトベイ号の荷揚げに間に合わせた。工場では機関車が組み立てられた。

　熊碓トンネルでは真冬の風波で小野琢磨が十分に測量できず（巻き尺の不備があったとの説も）、坑道中央部で一メートルもの食い違いが出た。松本に咎《とが》められた小野は「損害は弁償する」と息巻いた。クロフォードは中心線を誤差の中央に変更し、貫通点から左右を両側に切り広げ、天井をアーチ形にすることで一メートルの行き違いを吸収。「オノズモニュメント（小野の

高架桟橋完成（1911年）後の手宮駅構内。高架桟橋は長さ313m、高さ20mもの巨大木造建造物で石炭車を桟橋上へ運び、停泊する船舶に直接落とし込み効率的に積み込めた（小樽市総合博物館所蔵）

記念物）として残そう」と、ユーモアでおさめた。

そして十月二十四日、熊碓第四トンネルまでの約四・八キロの完成を機に蒸気機関車「弁慶号」試運転が行われた。十一月二十八日には手宮～札幌間の営業を開始。約三十六キロをわずか十一カ月で完成した。しかも一マイルあたりのコストは最小。早く、安くのアメリカ式だ。

続いて一八八二年（明治十五年）、札幌～幌内間が開通し、手宮～幌内間約九十キロが全通した。三笠鉄道村の齊藤慎太朗さんいわく「江別太、幌内太など沿線に多い『太』の地名はアイヌ語の『プト』に由来し、川と川が交わる場所という意味です。それだけに橋の建設と泥炭地の排水が必須でした。幌内鉄道は二年十一カ月で全線を開通しましたが、現代の技術をもってしても難しい工事とされているんですよ」。

小樽港北防波堤の設計で知られる土木工学界の巨人・廣井勇《ひろいいさみ》も、開拓使技師として下幾春別《しもいくしゅんべつ》川橋梁から利根別《とねべつ》川橋梁の間にある五つの小橋を設計した。試運転の日、橋が列車の通過に耐えられるか心配で、廣井はブルブル震えていたという。もちろん列車は無事通過した。

幌内鉄道工事で日本人技術者に伝授された技術は、後の鉄道建設に大きく貢献した。松本は、全国の主要線路建設を担い、鉄道作業局長官に上りつめた。クロフォードは米国へ帰国後も鉄道事業に携わりながら、北海道の鉄道資材購入に尽力した。日本人留学生の面倒をよくみて、東北の飢饉《ききん》の際には寄付をした。根底には松本との技術者同士の共感があったのだろう。二人の友情は松本が五十代で世を去るまで続いた。

近世までのインフラが既にあった本州とは異なる状況で敷設された官営幌内鉄道。各分野の一番星たちには、新しい世界を切り拓くパイオニア精神があふれていたのだ。

南小樽から色内に至る旧手宮線跡地では、
人々が散策を楽しんでいる

■参考文献
『北海道鉄道百年史 上』日本国有鉄道北海道総局／『北海道開発の父ーJ.クロフォード』高倉新一郎／『日米フォーラム第8巻第11号』／『開拓につくした人びと・2』北海道総務部文書課／『重要文化財 旧手宮鉄道施設』小樽市総合博物館／『アイアンホース号』(有)ウィルダネス／『シビルエンジニア廣井勇の人と業績』関口信一郎

2015年12月号掲載

Story 2

エドウィン・ダンの「日本愛」

——牧畜、外交、石油　多彩に生きた近代の使者

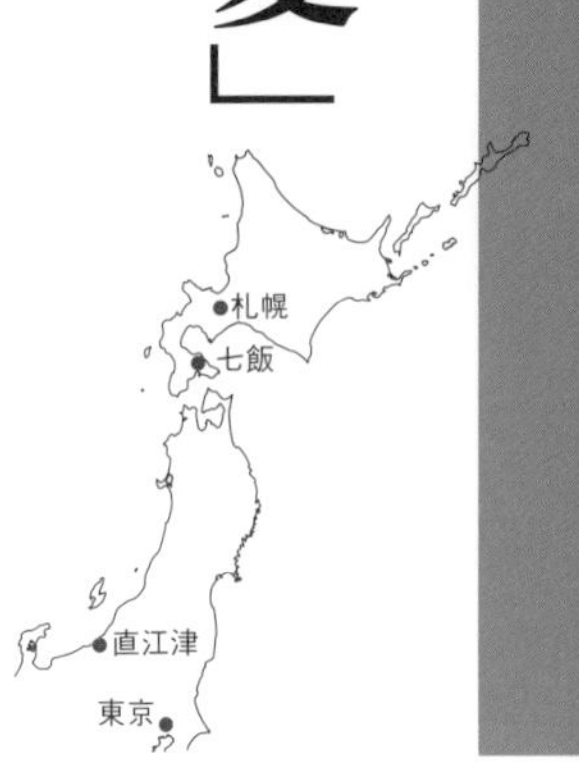

〝酪農の父〟となる
——北海道

百年前の外国人球児として朝日新聞に登場したのは、慶應普通部（東京）のジョン・ダン一塁手だ。一九一六年（大正五年）の第二回大会で「『異人さん、うまくやってくれ』と歓声が上がった」そうで、この年、慶應普通部は全国制覇を遂げた。若者が熱狂する舶来のスポーツ、ベースボール。颯爽《さっそう》とプレイする本家・米国人の姿を、当時の人々

Edwin Dun
（1848年～1931年）
米国オハイオ州にダン平原と呼ばれるほど広大な土地を有する牧場主の家に、ダンは生まれた

峯孝氏によるエドウィン・ダン像。肩に仔羊を担ぎ、西洋農具のヘイフォークを手にした作業着姿のダンだ。台座にはダンが伝えた西洋式農法が刻まれている

はまぶしく見つめたに違いない。

　札幌・真駒内にあるエドウィン・ダン記念館説明員の園家廣子さんは「朝、新聞を開いて記事を見つけた時の驚きといったら！　エドウィン・ダンは日本人の奥さんとの間に五人の子どもに恵まれ（先妻ツルとの間に長女ヘレンが、ツルと死別後に再婚した妻ヤマとの間に長男エドウィンJr.、二男ジェームス、三男ジョン、四男アンガスがいる）、三男がジョンなのです」と、満面の笑みで語ってくれた。エドウィン・ダンといえば、明治時代初期、酪農畜産の技術指導のために招かれたお雇い外国人で、〝北海道酪農の父〟として有名だ。一家は、いったいどんな道のりを歩んだのだろう。

　エドウィン・ダン記念館は、ダンの指導のもとに開かれた札幌牧牛場の元事務所建物である。温もりと品格が漂う館内には一木万寿三《いちきますみ》画伯による油絵が二十三点掲げられ、極上の紙芝居を見るようにダンの人生が追体験できる。記念館の背後には公園が広がっており、その中央にはダンの彫像が立つ。

　ダンは、一八四八年（嘉永元年）、

外国人選手が初出場　第2回（1916年）

第2回を制したのは慶応普通部（東京）。グラブを持つのは、その一塁手と思われる。写真の詳細な説明書きは残っていないが、この大会の慶応の一塁手は外国人初出場のジョン・ダン選手。米国籍で「異人さん、うまくやってくれ」と歓声が上がったという。

　他にも外野手の河野選手は日独のハーフ、腰本監督はハワイ出身と国際色豊かだ。

　そんな中でも一番の注目株は、すでに慶応大の正選手だった5年の山口投手。重圧もすごかったようで、後に野球大会史で「弘法さまへ毎晩願をかけた」と明かした。


ダンの三男ジョンが1916年（大正5年）、初の外国人選手として全国高等学校野球選手権大会（当時は全国中学校優勝野球大会）に出場したことを振り返る朝日新聞記事（2015年5月28日）

記念館から公園に下りていく道に沿ってつけられている牧柵は、ダンが指導した牧柵を復元したもので、1カ所の横木を抜くだけで家畜が出入りできる仕組みになっている

エドウィン・ダン記念館

札幌市南区真駒内泉町1丁目6　☎011-581-5064。9:30〜16:30、11月1日〜3月31日は金・土・日曜のみ開館、4月1日〜10月31日は水曜日休館。年末年始休館。入場無料

アメリカ合衆国オハイオ州生まれ。開拓顧問ホーレス・ケプロンの二男が、日本に送る牛を買いにダンの父の牧場に来たことがきっかけとなって、家畜を日本まで運んで技術指導も行うという一年契約を結ぶ。ケプロンの方針は、寒冷な北海道では日本古来の稲作より畑作や牧畜を進めるべきというもの。ダンは、牛四十頭、緬羊《めんよう》九十一頭を積んだ貨車を連ねてシカゴを出発し、揺れる貨車で家畜の世話をしながらアメリカ大陸を横断。サンフランシスコから外輪船で太平洋を越え、計五十日余りで横浜に着いた。封建時代が終わったばかりの極東の島国と二十四歳の青年の運命がここに重なる。本人は一年限りの冒険家気分だったらしいのだが。

文化庁登録有形文化財、経済産業省近代化産業遺産でもあるエドウィン・ダン記念館の館内

ダンはまず、開拓使が巨費を投じて設けた東京第三官園で生徒を指導するが、北海道と気候・土壌など条件が異なる東京で農業試験を行うことに納得がいかない。二年後の一八七五年（明治八年）、函館近郊の七重官園へ四カ月間出張すると、そこでは既に西洋式農法が試みられていた。

現在の七飯町には北海道新幹線車両基地が設けられている。その平野を見渡す斜面に建つのが七飯町歴史館だ。館内には七重官園のジオラマやパネル解説があり、時代をリードしていた様子に圧倒された。同館学芸員の山田央《ひさし》さんは「ここでは栽培や飼育から一歩進んで、農業の産業化に重きが置かれていました。職員はダンを『米国牧畜教師太安先生』として教えを書き残しています。札幌農学校のクラークが西洋の精神性を伝えたとすれば、ダンが伝えたのは技術の真髄でしょう」。ダンは家畜の飼育・治療、西洋農具の扱い方、チーズ等の加工食品製造、馬の去勢手術などを教えた。それは大地と家畜から糧を得る〝西洋〟そのものではなかっただろうか。

ダンはこの七重で妻となる日本人ツルに出会ったとされている。「日本の婦人ほど、非利己的で、自己犠牲的で、愛すべきものは、世界中どこにもありえない」というダンの女性観のもとになった人だ。長年、元津軽藩士の娘・増子つるとされていたが、一九九二年、北海道立文書館で発見

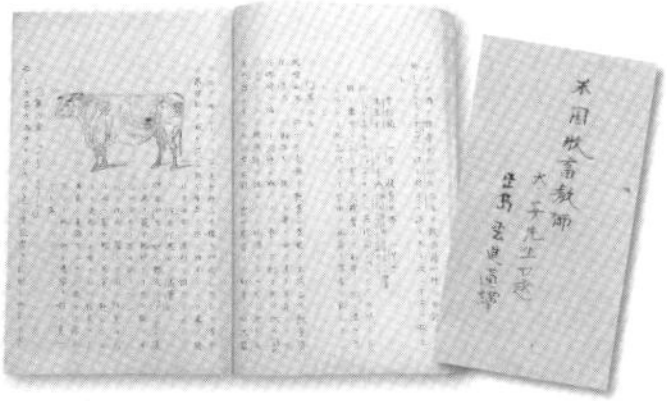

七重官園職員の迫田喜二が「太安先生」（ダンのこと）の教えを懸命に記録したノート。七飯町指定文化財第一号（七飯町歴史館所蔵）

七飯町歴史館

七飯町本町6丁目1-3　☎0138-66-2181。9:00〜17:00、12月29日〜1月3日のみ休館（臨時休館もあり）。入館無料

された資料から「青森県平民松田亀吉妹鶴」であることが明らかになった。しかし婚姻の日付は出会いから十年近く後の一八八四年（明治十七年）。国際結婚の成立に高い壁があったことが想像できるが、ダンは「自分の取った道を、一瞬といえども後悔したことはない」と書いている。

一八七六年（明治九年）、ダンは東京第三官園から札幌官園に転勤となり、真駒内で牧牛場の建設に着手する。さらに日高に新冠牧場を整備して馬の改良に務め、馬産地日高の基礎を築いた。開拓使の廃止に伴い一八七八年に生まれた長女ヘレンだけを連れて米国へ帰り、新生活の場を探すなか、東京の米国公使館に二等書記官のポストが得られたのでヘレンを米国の両親に預けて再来日した。

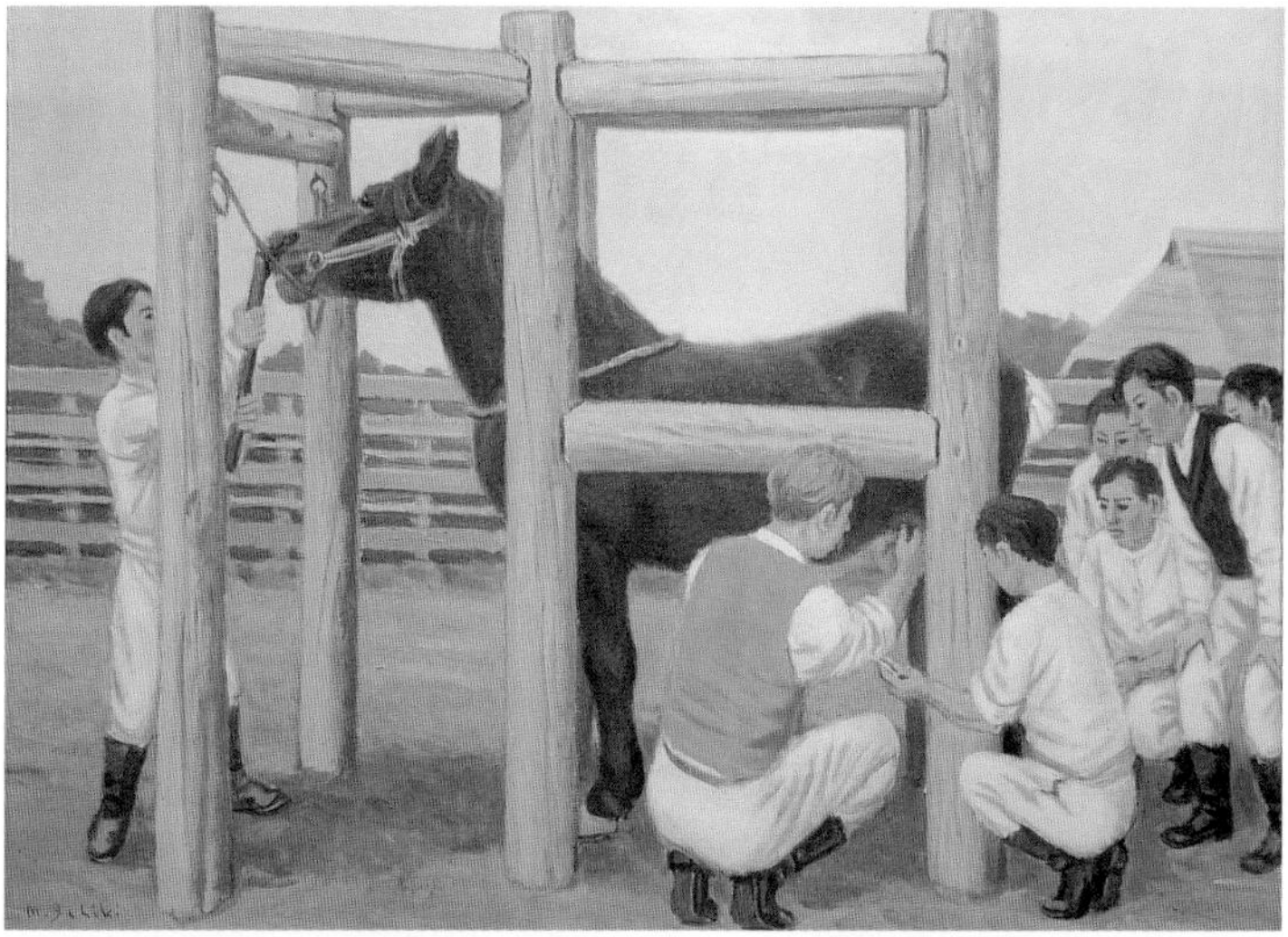

七重官園で馬の去勢術を指導するダン。暴れ馬を乗りこなしてこそ一人前という武士の精神論に対して、去勢によって誰もが乗りやすい馬を作る合理的技術を伝えた。一木万寿三画（エドウィン・ダン記念館所蔵）

真駒内牧牛場は広大だった。戦後、米軍に接収された後、自衛隊真駒内駐屯地となっている付近。真駒内の住宅地では今もダンが造った用水路を清らかな水が流れている

1876〜77年、東京から札幌官園に転勤となり、真駒内牧牛場の建設に取り組む。一木万寿三画伯の豊かな筆致から希望が伝わってくる（エドウィン・ダン記念館所蔵）

外交官として活躍
―東京

時は鹿鳴館時代。「東京の貴婦人たちと私の妻が親しい間柄になったお陰で、私は日本の上層階級の社交生活の中に足場を作ることができた。（中略）私の妻は、宮中でのエチケットや東京の社交界の空気に、いつもたやすく慣れてしまったようである」。日本が文明国であることを欧米にアピールする場で、米国外交官を日本女性のツルが見事に支えたのだ。

朴訥な技術者肌のダンと、機知に富んだ美しいツル。人の出会いは不思議なものだ。ところがツルは二十八歳の若さで病死してしまう。ダンは失意のどん底に落ちるがなんとか立ち上がり、一八九三年（明治二十六年）駐日米国公使に昇進する。翌年、元旗本の娘、中平ヤマと再婚。同年日清戦争が勃発すると、両国を仲介する手段を講じた。「日清戦争終結を早めたと評価されています。この働きに日本政府は勲一等旭日章を贈ろうとしたほどです。当時の駐日米国公使は、今で言えばキャロライン・ケネディさんの立場。ダンの功績にもっと注目してほしい」と園家さんは語る。

ダンの生涯を追う園家さん。公園を眺められるエドウィン・ダン記念館のテラスで

ツルが活躍した鹿鳴館時代の社交界。華やかな交友で夫ダンを支えた。『於鹿鳴館貴婦人慈善會之圖』早稲田大学図書館所蔵。エドウィン・ダン記念館では各国公使と並ぶダンの写真も見られる

近代工業の導入
――新潟

公使辞任後も、日本に尽くしたいと考えたダンは、新潟県の石油ブームに着目する。明治時代初期からランプの燃料として灯油の需要が増し、新潟県各所で石油が採掘されていたのだ。ダンは外資を導入して国内産業を活発にする必要を政府要人に説いた。そして米国のスタンダード石油会社に働きかけてインターナショナル石油会社を設立し、直江津支店支配人に就任した。

ダンは東洋一の石油精製工場を指揮しながら、地域社会にも溶け込んだ。学校や寺社へは名を伏せて献金し、日露戦争が起きると出征兵士を駅で見送り、戦死者の家には香典を持って弔問した。ヤマ夫人との間に生まれた四人の男の子のうち年長の三人は直江津小学校に通った。

直江津におけるダンの足跡を研究しているのが、同小学校出身で日本大学はじめ都内の大学で哲学を教える瀧《たき》田《た》寧《やすし》さんだ。瀧田さんが集めた資料からは、兄弟が人力車に乗って登校し、素足に着物の日本人の中でピカピカの革靴に洋装の彼らは王子様のようだったことや、悪童たちが兄弟の三重弁当の最上段にあるおやつを分けてもらったという微笑ましいエピソードを知ることができる。

北陸新幹線上越妙高駅のある上越市は、明治初期、石油ブームに沸いた。手掘り技術で隆盛した玄藤寺油田からは日本初のパイプラインも建設された（上越市公文書センター所蔵『高橋淑夫家文書』から転載）

しかし幸せは長く続かなかった。一九〇六年（明治三十九年）、ヤマ夫人が五人目の出産で亡くなる。翌年にはインターナショナル石油会社の廃止が決まり、一家は惜しまれ

ながら直江津を離れた。

　この時、アメリカから持ち込まれた施設一切が日本石油株式会社に譲渡された。瀧田さんいわく「本来、米国本社は事業撤退の際、機械から什器《じゅうき》まで自社倉庫に収め、競争相手に糧を与えるようなことはしないのですが、この時はダンの意見により地元に残されました。現在、石油産業は残っていませんが、跡地とその周辺にはその後、信越窒素肥料（現・信越化学工業）など次々と企業が進出しました。ダンは、直江津が工業都市へと歩む道を切り開いた人物なのです」。

　その後、ダンは三菱会社に勤務し、一九三一年（昭和六年）、八十二歳で死去。東京の青山墓地に眠っている。

玄藤寺油田をはじめ周辺の原油を集め、ダンは資本金1000万円で東洋一の石油精製工場を造った
（『高助合名会社百年史』から転載）

物語はまだ続く。次男ジェームスは東京音楽学校（現・東京藝術大学音楽学部）を卒業後、ドイツ留学を経て日本で音楽家として活躍した。母校直江津小学校では今もジェームス作曲の校歌が歌われ、ジェームス選定のドイツ製ベヒシュタインピアノが使われている。瀧田さんいわく「ドイツで学んだジェームスの音楽が生き続けているという点も併せて、直江津に〝近代〟をもたらした父子と言えるでしょうね」。

時は流れて二〇〇五年、エドウィン・ダン記念館にダン家の遠い親戚、アール・オーエン・ダンさんから電話が入る。一族の歴史を調べていたアールさんは、園家さんと意気投合し奮起。電話帳でDUNが付く家に片っ端から電話して、四男ア

『日本海沿いの町　直江津往還～文学と近代からみた頸城野』（社会評論社）に「ダン」家と直江津」を寄稿した直江津出身の瀧田さん。エドウィン・ダン記念公園を訪問時に撮影

上越市立直江津小学校 学校だより　平成20年度 第2号 通算第159号

ジェームス・ダン

（ジェームス・ダンは、直江津小学校校歌の作曲者です）　平成20年5月30日

「ジェームス・ダン」について

校長 村山 暁

学校だより「ジェームス・ダン」が平成6年4月に発行されて16年目に入ります。「ジェームス・ダン」というタイトルについて調べてみました。

直江津小学校創立120周年記念誌の掲載内容を要約すると次のようなことが記されています。

ジェームス・ダン氏はピアニストであり当校の校歌の作曲者（昭和6年制定校歌作曲）であります。また、昭和3年に同窓会が直江津小学校に寄贈してくださった世界最高のピアノであるドイツ製のC・BECHSTEIN（ベヒシュタイン）を選定してくれた人でもあります。そして、ピアノ開きには夫妻で来校し、ジェームス・ダン氏が演奏し、声楽家であり童謡歌手の妻のダン・道子さん（旧姓村山）が歌っています。

また、ジェームス・ダン氏の父のエドウィン・ダン氏は、「少年よ大志を抱け」で有名なクラーク博士とともに、北海道開拓に大きな貢献をした人であり、後に駐日アメリカ公使として、日清戦争の講和条約の折に、親日家として日本のために尽くし、勲五等旭日章を受けた人でもあります。退官して、明治33（1900）年、直江津につくられたスタンダード・インターナショナル石油株式会社の支配人となりました。このようなことから、直江津小学校及び直江津町の人たちとアメリカ人一家との親密な関係が始まりました。

直江津小学校の沿革史によると、明治37年4月エドウィン・ダン氏の長男ネッド、次男ゼームス、三男ジョンが入学したとあります。エドウィン・ダン氏はまた、子供が世話になるとして直江津小学校に増改築費として多額の寄付をしています。

ジェームス・ダン氏の同級生であった宮崎久雄氏らが中心となり、ジェームス・ダン氏は著名な音楽家であることと同窓生であるので作曲料が安く上がるなどであったようであります。

このようにジェームス・ダン氏は直江津小学校と深いかかわりがありました。著名な音楽家になったジェームス・ダン氏のように、あるいは、ジェームス・ダン氏を乗り越えて大人物になってほしいとの当時の小島哲夫校長の願いが込められています。

ところで、今年、5月14日に、ジェームス・ダン氏の父であるエドウィン・ダン氏の記念館（北海道札幌市）の運営委員である園家（そのけ）廣子さんが直江津小学校を訪ねてこられました。このエドウィン・ダン記念館では、エドウィン・ダン氏の北海道での経歴を詳しく調べて記念館に関係資料を展示していますが、北海道以外での経歴を集め始めています。直江津における業績を調べに上越市内の図書館やスタンダード・インターナショナル石油株式会社の跡地などを訪ね直江津小学校においでになりました。園家さんは、今年3月にエドウィン・ダン氏のお孫さんに当たるアリス・ダンさん（78歳）をアメリカオハイオ州に訪ねています。ジェームス・ダン氏は昭和26年に、妻道子さんは平成2年にそれぞれ生涯を閉じています。お子さんはいらっしゃいませんでした。外国人作曲による校歌がある小学校は新潟県にはなく（昭和62年新潟日報記事）、全国でも珍しいです。排外思想が強かった戦争中も変わることなく歌い続けられてきました。このような経緯があり、その詩には直江津の景色と教えを含んだ校歌はジェームス・ダン氏の思いを乗せてこれからも歌い続けられることでしょう。

ジェームス・ダン

ベヒシュタイン

校歌と晩年のジェームス・ダン

ジェームスと父ダンを特集した直江津小の学校だより。この号のみならず、タイトルはいつも「ジェームス・ダン」なのだ

子どもたちにとってジェームスが選定したピアノは「直江津小学校のお宝」。大事な行事ではこのピアノの伴奏で全校斉唱し、創立140周年記念の歌「元気一杯、笑顔一杯」の歌詞にもピアノが登場する。ジェームス作曲の校歌は直江津小学校HPで聴くことができる

ンガスの娘、アリスさんをウィスコンシン州で探し出した。「私、矢も盾もたまらず会いに行きました」と園家さん。

二〇〇八年、アリスさんとの対面が叶った。「居間に飾られた家族写真にはお父さんに甘えているような幼いアンガスが写っていました。眼の前にいる七十五歳の女性がこの子の娘なのだと思うと、感無量でした」

アリスさんは父の口癖だった「オバーチャン」の意味を園家さんに尋ねた。五歳で母ヤマと死別したアンガスが祖母を頼りに育ったことは、一世紀の時を経てなお切ない。さらに振り返れば、ツルの娘ヘレンは父母と離れたまま米国で八十九歳まで生きた。園家さんが高校球児ジョンの記事をアリスさんに送ると、アリスさんは電話でこう言ったそうだ。「ジョン伯父さんに間違いないです。ベースボールが大好きだったわ」と。

北海道酪農の父エドウィン・ダンは、北海道を離れてからも、日本に近代という光の粒を振りまきながら全力疾走していた。そしてその足跡は、人の出会いと別れの意味を考えさせずにはおかない。

ダン一家。左から、二男ジェームス、妻ヤマ、長男エドウィンJr.、四男アンガス、ダン、三男ジョン(北海道大学附属図書館発行『明治大正期の北海道(写真編)』から転載)

園家さんのアリスさん訪問を報じる地元新聞(左・アリスさん、右・園家さん)。女性記者は一族の足跡に感激し、園家さん帰国後も取材を重ね、大きな記事にまとめた

2008年5月号掲載

Story 3

有島武郎の忘れ形見

――札幌・ニセコ・岩内にたどる理想の軌跡

自由闊達、博愛精神に生きて ――札幌

時計台はこの日も、手に手にコンパクトカメラを持った多くの旅人で賑わっていた。創建百三十周年にあやかったイベントのポスターが、札幌の顔に一段と晴れやかな表情を添えている。と、旅人たちが見上げる指針盤の一部が窓のように開き、人の腕がにゅうっと出てきた。「おおっ」とざわめきが起こる。三代目時計守の下村康成さんが、電球交換のために窓を開け、身を乗り出したのだ。腕との対比から、指針盤が意外に大きいことがわかる。

実は、有島武郎の死の前年に発表された『星座』に同じような場面が登場する。

「窓はやすやすと開いた。それは西向きのだった。そこからの眺めは思いのほか高い所にあるのを思わせた。じき下には、地方裁判所の樺色の瓦屋根があって、その先には道庁の赤煉瓦、その赤煉瓦を囲んで若芽をふいたばかりのポプラが土筆《つくし》草のように叢《むら》がって細長く立っていた」

『星座』は札幌農学校生の青春群像を描いた作品だ。時計台は農学校の演武場であった。有島自身の投影とされている主人公・園《その》が、時計の指針盤の裏にある機械室にもぐりこみ、詩集を読みふけっていると、鐘が十一時を打ち始める。

「あまりの厳粛さに園はしばらく茫然としていた。明治三十三年五月四日の午前十一時、――その時間は永劫の前にもなければ後にもない――が現れながら消えていく……

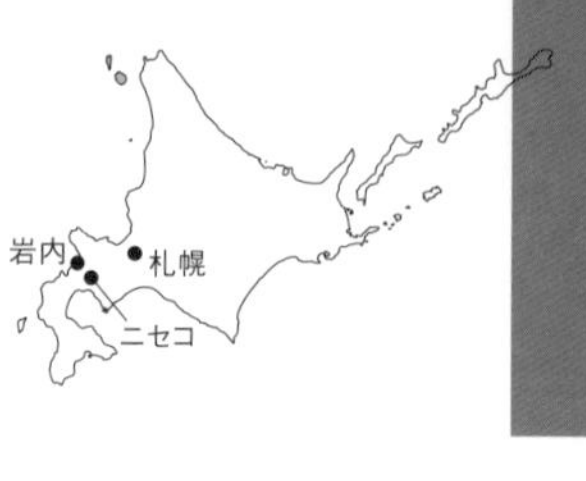

60年以上、時計台の保守点検を担ってきた二代目時計守の井上和雄さん(左)と三代目下村康成さん

井上さんは『星座』の記述から、有島が時計台機械室に入ったに違いないと証言する

札幌市時計台（旧札幌農学校演武場）
札幌市中央区北1条西2丁目　☎011-231-0838、8:45〜17:00、6〜10月は第4月曜、11〜5月は月曜休館(ともに祝日の場合は翌日)。大人200円、中学生以下無料

園は時間というものをこれほどまじまじと見つめたことはなかった。（中略）この学校に学ぶようになってからも、園には別れがたい文学への憧憬があった。捨てよう捨てようと思いながら、今までずるずるとそれに引きずられていた。一事に没頭しなければ済まない。一人の科学者に詩の要はない。科学を詩としよう。歌としよう」

文学と決別し、科学を選びとる場面に時計台が選ばれたことは象徴的だ。時計台の時計は米国から輸入された先端機械であり、万人に平等に正確な時を知らせる科学の道具だ。一方、文学は時間の観念を超越してしまう存在ともいえる。時計台を舞台に、有島は両者の対比を鮮やかに浮かび上がらせた。

勤労青少年ホーム「Let's 中央」にあった「遠友夜学校記念室」。墨痕鮮やかな「学問より実行」は新渡戸の書。この言葉に励まされながら良心の砦は守られた。資料は北大総合博物館に保存されている

1877年（明治10年）建築のモデルバーン（模範家畜房）。日本最古の洋式農業建築物で国の重要文化財でもある（撮影協力＝北大総合博物館）

有島は、日本の近代が産声を上げたばかりの時代に生まれた。高級官僚から実業家に転身して成功した父は、鹿鳴館時代を濃厚に体感するなかで長男の有島に欧米式の教育を受けさせる。そして有島は九歳で学習院予備科に編入するや、翌年には皇太子の学友に選ばれた。新国家の中枢でエリートとして生きる将来は約束されていたのである。しかし、思春期に芽生えた北の大地への憧れと、病続きで健康を得たいという思いなどから札幌農学校へ進学した。農学校は、自主独立の自由精神を信条とする、当時の日本では異質の存在だった。北海道大学構内に保存されているモデルバーンは、科学的合理性に裏打ちされた新しい時代の農業ならではの明るさを放っている。有島はこの建物に何を感じただろう。

開放的な農学校の空気を吸いながら有島は、家庭の事情で学校に行けない青少年を無料で教える学校「遠《えん》友《ゆう》夜《や》学校」でボランティア教師を務める。この学校は、農学

『カインの末裔』にも登場するニセコのシンボル羊蹄山（写真提供＝ニセコ町）

校二期生で当時の札幌農学校教授、後に国際連盟事務次長ともなる新渡戸稲造《にとべいなぞう》が萬里子夫人（メリー・P・エルキントン）とともに設立したものだ。新渡戸の友人や農学校の学生（後に北大生）によって一九四四年（昭和十九年）まで続けられた。

有島は夜学校の校歌を作詞し、七年間、代表を務めるなど、札幌のボランティア活動の原点でもある場の支柱となった。夜学校跡地には、勤労青少年ホーム「Ｌｅｔ'ｓ中央」が建ち、今なお働く青少年の拠り所となっている（２０１１年に解体）。北大総合博物館にも夜学校に関する展示があり、校舎の模型も作られているので必見だ。「夜学校に開花したヒューマニズムの精神」「魂の灯台」という解説から、夜学校の本質を知ることができる。

教授時代には美術サークル「黒百合会」の設立にも加わった。黒百合会は二〇〇八年、記念すべき百周年を迎える。当時の学生、原田三夫氏が残した文章を紹介しよう。

「恵迪寮《けいてきりょう》の舎監として住んでいた有島先生が絵を好きだと聞いたので誘った。（中略）会の名はめいめいが考えて投票できめた。小熊の黒百合会が入選。当時学校の農場の原始林に黒百合の大きいのがたくさんあって、牛が踏み荒らしていたのである。有島先生は『土香会《とこうかい》』とつけたが、落選すると『このほうがいいのだがな』と言ってしきりに口惜しがった」

こうして、会則も会費もない自由で緩やかな美術愛好団体が誕生

現在の北大・黒百合会の皆さん。今春も10人以上の新入生が歴史の一員に加わった

黒百合会のメンバーと有島（右端）。1912年6月

遠友夜学校の校章

した。この二年後、雑誌「白樺」が創刊され、有島は武者小路実篤、志賀直哉、弟の里見弴《とん》らとともに「白樺」の有力メンバーとなる。「白樺」は自然主義に対して人道主義、理想主義を唱えて近代文学史上に大きな足跡を残しつつ、西洋美術の紹介にも努めたことで知られる。黒百合会は、有島の存在を通して印象派やフォービズムを伝え、ロダンの作品を展示するなど、最先端の美術を札幌に伝えることができたのだった。

　第三回黒百合展で有島の水彩画を見て感銘を受けたのが、後に『生れ出づる悩み』の主人公・木本青年のモデルとなる十七歳の木田金次郎だった。

　現在、北大・黒百合会の部員は五十人ほど。油絵を描く人の横で陶芸の土をこねる人がいるという具合で、伝統への気負いはなく、和気あいあいと美術に親しんでいる。百年前、恵迪寮の集会室で有島を囲んで始まった美術好きの集まりも、案外こんな雰囲気だったのかもしれない。

　有島は三十一歳で陸軍中将の次女、神尾安子と結婚した。札幌市内に建てた家は、手帳に図面が残されていることから有島自らの設計とされる。学生、それも少々素行の悪い学生を二、三人住まわせてもいた。ススキノで問題を起こした学生の述懐がおもしろい。「電灯を消した暗い部屋で懇々と説教された。参った。でもいい人だな」。学生たちとの温かな交流がしのばれる。

有島(2列目中央付近)が代表を務めた時代は夜学校が最も活発な時期だった。のべ500人に上った学生教師たちは行楽の余裕のない子らを海山へ連れ出し「遠遊野学校」と呼ばれるほどだった

有島が作詞した校歌。「正義と善とに身をささげ　欲をば捨てて一筋に　行くべき路を勇ましく　真心のままに進みなば　アー　是れ是れ是れ　是れこそ楽しき極みなれ」

1894年(明治27年)に開かれた遠友夜学校は半世紀にわたって続いた。有島は『星座』にも登場させている

この家は札幌芸術の森に移築復元され、邸内には多数の資料が展示されているが、中でも家族写真は、この瀟洒《しょうしゃ》な家に幸せな若夫婦が暮らしたことを物語っており、切ない思いにさせられる。食堂でおやつを食べているらしい二人の幼児、育児にいそしむ夫人の笑顔……。この平和は、安子の結核発病によってほんの一年で終わってしまうのだ。

一家は東京へ引き揚げ、安子は療養の甲斐なく一九一六年（大正五年）に帰らぬ人となった。同年、相次いで父も癌で死去。妻と父の死を境に、有島の人生は急激に変貌する。「父さえいなければ自己そのものの丸裸か（原文ママ）になって好きなことが書ける」。農科大学を辞職し、作家として立つことを

マンサード（腰折れ）屋根、格子窓、サンルーム、1階と2階でパイプ伝いに会話ができる伝声管などが特徴の有島旧邸。大正期モダン住宅のさきがけとされる

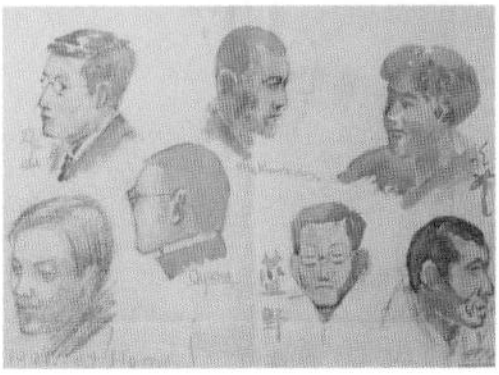

有島の水彩画「黒百合会の学生たち」(1909年)。原田三夫氏は上段中央。命名者で北大教授となった昆虫学者の小熊捍氏は下段左から2人目

有島武郎旧邸

札幌市南区芸術の森2丁目75　☎011-592-5111。9:45〜17:00、6月1日〜8月31日は17:30まで。4月29日〜11月3日は無休、11月4日〜4月28日は休館

決意した有島は、自ら死を選ぶまでの七年の間に精力的に作品を発表していく。

原風景に抱かれ自己を問う ― ニセコ

有島を一躍、文壇の寵児《ちょうじ》にした『カインの末裔《まつえい》』は、父が所有していた狩太《かりぶと》（現・ニセコ町）の有島農場での体験なしにはありえない作品だ。物語は、一頭の馬を引いて狩太に夫婦が流れ来る描写から始まる。

「北海道の冬は空まで逼《せま》っていた。蝦夷富士といわれるマッカリヌプリの麓に続く胆振の大草原を、日本海から内浦湾に吹き抜ける西風が打ち寄せるうねりのように跡から跡から吹き払っていった。寒い風だ。見上げると八合目まで雪になったマッカリヌプリは少し頭を前にこごめて風に歯向かいながら黙ったまま突立っていた。（中略）着物は薄かった。そして二人は飢え切っていた。妻は気にして時々赤坊を見た。生きているのか死んでいるのか、とにかく赤坊はいびきも立てないで首を右の肩にがくりと垂れたまま黙っていた」

主人公・仁右衛門《にえもん》は、農場を舞台に粗野な欲望をむき出しにしながら人生と素手で格闘する。そして結局破れ、夫婦は赤（ん）坊も馬も失って農場を去っていく。作品には社会思想家としての強烈な問題意識が見えるが、有島は問題を提起するだけではなく、その解決を自らの肉を切って実践する。父から相続した農場を小作人に無償で解放し、農場経営は農民たちの自治

共生農団から出荷された米の荷札。農団では増収のため、栽培から精米・販売までを一貫して行うユニークな営農が行われた

『カインの末裔』。後に全集として合本できるよう、欧州流に2種類のページ番号が印刷されている

有島記念館では、農場開墾、解散、共生農団関係資料から文学作品まで、小作制農場の所有を恥じつつも農場の自然を愛した有島の思想に触れられる

有島記念館から徒歩５分の小高い丘にある解放の記念碑

有島記念館

ニセコ町字有島57　☎0136-44-3245。9:00～17:00、月曜休館（祝日の場合は翌日）。大人500円、高校生100円、中学生以下無料

に任せ、相互扶助と共生の精神に基づく共生農団を組織した。自らの理想と現実の一致を図ったのだ。黒百合会ＯＢでもある有島記念館館長の飯田勝幸さんはこう語る。

「当時、ダーウィンの進化論が発表されるや、弱肉強食の論理が自然科学でも実証されたとして、急激に膨張しつつあった資本主義を正当化する方便に使われました。強い者が弱い者を食ってどこが悪いと。けれどもダーウィンは弱いものが集まって互いに助け合うことも自然の法則だといっているのです。有島を農場解放へと導いた思想である相互扶助の精神の中にも、博愛主義、ヒューマニズムがありました。有島には時代の思想とオーバーラップするものがあったでしょう。また、貴公子然

人生と格闘する仁右衛門を描いた『カインの末裔』の舞台になった狩太原野とマッカリヌプリ（羊蹄山）

とした外面とは対照的に内面は野生的な血が燃えたぎっていたと思います。それを表現したのが、仁右衛門という人間の姿だったのです」

孤独な芸術家へ魂のエール ― 岩内

続いて発表された『生れ出づる悩み』では、木田をモデルに、荒れ狂う海と格闘するたくましい漁師にして、類まれな絵の才能をも持つ木本青年が描かれた。岩内町にある木田金次郎美術館には、有島から木田に宛てた手紙が展示されているという。学芸員の岡部卓さんいわく、「東京に出て絵の勉強をしたいと願う木田に対し、地元でしっかりやっていきなさいという指針を伝えています。これは木田の生き方を方向づけた重大な手紙といえるでしょう。一九五四年の岩内大火で、辛うじて持ち出した柳《やなぎ》行李《ごうり》の中に入っていて焼失を免れたものです。この時、木田は作品のほとんどを焼いています。作品より先にこの手紙を持ち出したことからも、有島を精神的な拠り所にしていたことがわかります」。

地元で理解者が少ないなか、絵を描いていた木田は、遠く津軽海峡へ漁に出る時も、有島が翻訳したワルト・ホイットマンの詩集を船に乗せていたそうだ。有島の言葉を頼りにして、芸術家として生きる孤独と闘っていたのだ。

一方、有島は、自然から糧を得る厳しい労働と芸術を同居させる木田に、焼けつくような憧れを抱いてい

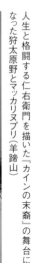

たのではないか。北海道立文学館副館長の平原一良さんは、有島が「北海道の文学の父」と呼ばれる理由を「その営みが後の文学者たちにバトンとして渡されているから」と答える。

「風土の描き方も、開拓の過程で矛盾に苦しんだ人たちを文学で表現することも、原点は有島にあります。日本は本来、厚みのある文化を持った国なのに、明治維新から、ある意味で薄っぺらな近代が転がり始めた。ヨーロッパの美術、音楽、文学に精通していた有島は、その未成熟なありさまに悩みながら、ヨーロッパ型のヒューマニズムを受け止め、北海道での体験を通して日本の近代の影の部分をしっかりと書き込んだのです。文学を含む文化史の全般で重要なポジションを占める存在といえるでしょう」

　確信ある明日が描きにくい今という時代。こんな時こそ、有島の精神が求められているのではないか。人間の尊さとは理想を抱いて生きることだと、喉が裂けんばかりに叫び、そして潰《つい》えた精神が……。

　北海道の大地に残された理想の軌跡をたどり、慈しんでいきたいものだ。

岩内町雷電岬に建つ『生れ出づる悩み』文学碑と木田金次郎（1962年）。この年、木田は死去した

1922年7月17日、有島農場解放前日、有島は岩内に赴いた。有島ファン400人の前で講演し、ホイットマンの詩を朗読した。有島（左）と木田

木田金次郎美術館

岩内郡岩内町万代51-3☎　0135-63-2221。10:00〜18:00、月曜休館（祝日の場合は翌日）、12〜3月休館。一般600円、高校生以下無料

2007年1月号掲載

Story 4

羊蹄山を仰ぎながら

——明治→平成 ニセコ移住物語

ヒラフに賭けた海軍中佐

「草鞋《わらじ》脱《ぬ》ぎ」、「草鞋《わらじ》親《おや》」という言葉をご存じだろうか。故郷から北海道へ渡り、最初に旅装をほどく場所が「草鞋脱ぎ」、北海道の情報を故郷へ発信し、後続の人の世話をしたのが「草鞋親」。移住動機の七〜八割は草鞋親による呼び寄せとされているほどで、この二つの言葉には、北海道移住の実感がこもっている。

ニセコのスキー場から望む羊蹄山（撮影＝北海道新聞社）

あまり知られていないが、ニセコ地域へ移住した人の多くが仁木町を経由しているのは、仁木町が「草鞋脱ぎ」の地で、仁木竹吉という先見性のある「草鞋親」がいたからである。

仁木町同様、人名が町名になっているのが京極町だ。一八九七年（明治三十年）、旧讃岐《さぬき》丸亀藩主、京《きょう》極高徳《ごくたかのり》子爵の命で京極農場が開かれたことが町の始まりであり、農場は町作りそのものに貢献してきた。強力なリーダーや精神的な支柱の存在が、苦難に満ちた開拓の途上でいかに大切だったかを、二つの町名は物語っている。

さて、ニセコ地域を目指した移住者の中には、こんなユニークな人物もいた。

帝国海軍中佐、富永寅次郎がその人だ。軍艦大和の副長として北海道を巡航した際、開拓者になることを決意。一九一五年（大正四年）、富永農場を開いた。倶知安風土館館長の矢吹俊男さんはこう語る。

「富永は開拓どころか農業経験もない素人でしたが、不思議と経営の才覚はあったのです。当時は資本を投入して土地を開墾し、それを小作人に貸し与えて小作料を取るのが一般的でしたが、富永は企業としての農場経営にあたりました。馬鈴薯澱粉《ばれいしょでんぷん》の価格が高騰した時期にすかさず澱粉工場を始めるなど、軍人、つまり武士とは思えないほど機転のきく面もありました」

大正期の北海道で、馬鈴薯澱粉は最もドラマチックな農産物の一つだ。第一次大戦でヨーロッパの農業

※本編の「ニセコ・羊蹄」および「ニセコ」とは、ニセコ町のほか倶知安町、京極町、蘭越町、真狩村、共和町、喜茂別町、岩内町のいわゆる「ニセコ地域」を指します

国が戦場になるや、世界市場で農産物が不足し、北海道の農産物も空前の暴騰を遂げたが、その代表が馬鈴薯澱粉だったのだ。戦前一袋四円だったものが戦中は十八円になり、澱粉成金が続々と現れた。倶知安でも大小五十軒の澱粉工場がフル稼働したが、戦争終息とともに価格は暴落。成金の夢は泡と消えた。

そんな中にあって富永は、石切り場を開いて比羅夫《ひらふ》石を建築・土木資材用に出荷したり、除虫菊栽培を行ったりと、多角化への目配りも忘れなかった。

「武士の商法が成功したのは、ゼロからの開墾ではなく、既に開かれていた樺山農場という農場を見つけ、そこを足がかりにして始めた点が大きいでしょう。既にそこで働

大正4年、富永農場に家族と立つ富永寅次郎（右端）。切り開いたばかりの大地には、巨木の切り株がごろごろと残っている（写真協力＝倶知安風土館）

いている人を雇い入れることで、自分にはないノウハウを得ることができたはずですから」

その一方で、富永が倶知安の農民に寄与した点も多いと矢吹さんは指摘する。「当時、肥料を使わず作物を栽培していた周囲の農家に肥料の使い方を教えたり、出荷時期を調整してより高く売る工夫をしたり。畑の全面に作付けせずに、農業改良の実験場も設けました。先駆的に何をしたかではなく、もとあるものを踏襲し改良して、経営という概念を作り上げたのが富永のユニークな点といえるのではないでしょうか」

帝国軍人が農場経営という志を遂げた場所、それはヒラフスキー場の西側緩斜面にあたる。

大正4年の年頭にあたり、「われ新天地において新たな志をもって」と開拓の決意を手帳にしたためた富永寅次郎（左）は、夢の設計図を着々と現実のものとした。馬鈴薯澱粉工場にて（写真協力＝倶知安風土館）

“わがまま”貫く自転車少年

それから約半世紀後、一人の少年が東京から自転車で一人、冒険旅行に出た。国道四号を約八百キロ、ひたすら北上し、青函連絡船で北海道に上陸。函館からは国道五号に沿ってペダルを踏み続けた。長万部で噴火湾と別れ、内陸に入った少年の目に映ったのがニセコ連峰だった。青空をバックに連なる端正な稜線。少年は「よし、この山の中に住んでやる」と心に決めた。

親を説得して、自分の大学進学のために用意されていたお金で、電気も水道もない千坪の原野を買った。親は「(お金を)捨てるようなもんだな」と言ったという。そして

息子の頼真生さん、香さん夫妻は入籍したばかり。後ろにそびえるのが父が建てた雪石嶺山荘だ。富良野プリンスホテルの料理人だった真生さんは、雪石嶺山荘や楽一に隣接する「sakaba唐火七(からびな)」でも料理人としての腕を奮っている。札幌出身の香さんは「街ではわからない季節の移ろいを感じながら、こういう生き方もあったんだと驚きの毎日」だとか

手作りで建てたペンションが、「雪《せっ》石嶺《こくれい》山荘」だ。少年は二十八歳になっていた。やがてニセコアンヌプリスキー場が開かれ、ホテルができ、ペンションが建ち並んでいった。

六十歳になった元少年、頼立《らいたつ》さんを目の前にすると、まっすぐ思いのままに生きた人だけが持つ凛《りん》とした香気のようなものを感じずにはいられない。

頼さんの半生は、ここで生まれ育った一人息子の真生《まお》さんに語ってもらおう。

「小さい頃から、両親は何をしている人かよくわからなかったです。学校で父親の職業を聞かれ、『釣り』と答えたのを覚えています。ペンションのお客さんといつものんびり楽しそうでした。釣りの人、山の人、スキーの人、テニスをする人、いろいろな人が来ました。僕はお客さんに遊んでもらい、勉強を教わり、育ててもらったようなものです」

頼さんは、釣りの世界では知る人ぞ知るフライフィッシングの草分け的存在でもあるのだ。川という

ペンションのお客に育てられたという真生さんの少年時代

若かりし頃の頼立さん（後列右端）。山を愛し、ニセコを愛する多くの人々を受け入れてきた

川を歩き、真生さんが勘違いするほど釣りを極めた時代もあった。

「ニセコには一日たりとも飽きたことがないですね。ここの空気が合っているんです」と頼さん。シーズンオフには家財道具を車に積んで、北海道中の川と海と山を走り回った。

「父はゼロから一人でここまでやってきました。僕には同じようなことはできません」と真生さんは言う。

そのペンションを真生さんに譲ることを決めたのが、立さん五十二歳の時。理由が振るっている。

「蕎麦《そば》屋のおやじになりたいから」

さっそく自宅の居間に長いカウンターを入れ、自力で蕎麦屋に改装した。もちろん蕎麦作りも自己流。蕎麦はニセコの自家農園で農家に栽培してもらうことにした。蕎麦を石臼で挽き、注文を受けてから打って、切って、ゆでる。細めの十割蕎麦は、蕎麦の風味を丸ごと生かす黒っぽい麺だ。しかしその外見とはうらはらに、実に繊細な香りと舌触りを残しながら、喉へと滑り落ちていく。

妻のみどりさんは、札幌のデパートで多くのお得意様を抱えるキャリアウーマンだった。ニセコに移り住んでの感想をこう話す。

「もの作りが好きな人には向いているとは思いますが、自然の中での暮らしは予想以上に厳しく、お正月に突然水が出なくなって雪を沸かして水を作ったこともあります。でも主人は、いつも頭の中でくるくる考えながら、生まれ持った魅力と少しの努力でこんなふうに生きてきた。私はこの人の傍にいたいだけです」

わがままな男ほど愛されるものなのか。世の男性たちは「かなわない」と苦笑いするだろうか、それとも「そりゃ、ないよ」とつぶやくのだろうか。

頼さんが50代で手にした〝蕎麦屋のおやじ〟という仕事。実は子どもの頃から憧れていたというから、やはり並みの人ではない

金のパウダースノー

さて、下の写真は海外の住宅ではない。ヒラフスキー場周辺に続々と建てられているコンドミニアムの内部だ。ベッドもキッチンもバスもトイレも、すべてオーストラリアから輸入。日本人にとっては海外旅行先のような感覚だ。

キャンベラでカフェレストランを開いていたサイモン夫妻と、弁護士のマットさんによって設立された北海道トラックスは、激増するオーストラリア人観光客、なかでも富裕層に向けたコンドミニアムの開発販売を行っている。二〇〇三年に一棟四部屋から始めたビジネスは二十棟九十九部屋へ急成長。三人は九・一一テロ以降、北米やヨーロッパよ

北海道トラックスが管理するコンドミニアム「ミハラシアパート」の一室。家具はすべてオーストラリア製で、日本にいることを忘れそうだ

3ベッドルームにはバスルームを二つ備えるなど、長期滞在するオーストラリア人が満足できる快適性が身上。バスルームからも羊蹄山が眺められる

り安全性が高く、かつ雪質抜群なのに長期滞在施設のない〝未発達〟のスキーリゾートを発見したのだ。

「食器、洗濯機、乾燥機、家具、電子レンジなど生活用品がすべてそろっているコンドミニアム形式は、既存の施設とお客様を奪い合うことなく、新しい宿泊形態を提案していけると思います」と同社の大久保実さんは言う。

　こうしたヒラフ大変貌の立役者ともいえるのがロス・フィンドレーさんだろう。一九九一年にスキーのインストラクターとして訪れ、ニセコの雪質に圧倒された。

「スキーヤーにとってパウダースノーは金みたいなもの。ヨーロッパや北アメリカの有名リゾートでさえ雪がないこともあるのに、ニセコはだいたい毎日がパウダー。なかなかそんな条件の場所はありません」

　しかし、四季を通して長期滞在できるリゾートのイメージからはほど遠いものだった。そこで、ゴムボートで急流を下るラフティング体験を提供する会社「ニセコアドベンチャーセンターNAC」を設立。フィンドレーさんは機会あるごとにニセコの素晴らしさをオーストラリアへアピールした。シドニーを夜九時に出発すると、翌日午後三時にはゲレンデに立てるアクセスの良さ、時差がなくて疲れないことも大きなメリットだ。

　日本という異文化への興味も追い風となって、六年前に三百人余りだったオーストラリアからの宿泊客は、二〇〇六年には約七千七百人になった。まさに草鞋親である。宿とゲレンデだけで完結しない、彼らの飽くなき欲求も新しい効果を生んでいる。

「滞在中、オーストラリア人は毎日が土曜日のようなお金の使い方をします。おもしろいレストランや

シーズンを前に張り切る北海道トラックスの皆さん。コンドミニアム利用者は、冬場は95%がオーストラリア、5%がアジアからのスキー客。夏場は意外にも日本人利用者が80%を占める。月貸しもあるので、酷暑にあえぐ本州からの避暑に使ったり、田舎暮らしを模索する足場にする人もいるそうだ

居酒屋があればすぐ出かける。外で食べ歩きするのが楽しいのです。すると当然、お店も増えてエリア全体が活気づき、倶知安の町の人も山の方へ楽しみに来るようになりました」

さらに踏み込んでこうも語る。

「僕は、観光客のために素晴らしい場所を造るというのは嘘だと思う。沖縄やハワイで人がリラックスできるのは、既にそこに住む人の魅力的なライフスタイルがあるからこそでしょう。倶知安町でも、遊歩道やサイクリングロードを整備し、歩いてみたいと思わせる町づくりができれば、そのライフスタイルに憧れて人がやって来る本物のリゾートになるのでは」

明治の移住者は羊蹄山をめぐる原野を発見し、昭和の移住者は何もない大自然の中にロマンあふれる人生を見つけた。外国から来た平成の移住者は、本物のリゾートの可能性を探り当てた。

さて、次は誰が何を見つけるだろうか。誰が草鞋親になるだろうか。羊蹄山を仰ぐニセコの大地は、いつも誰かに発見されるのを待っている。

NAC代表ロス・フィンドレーさん。NACでは冬場、スキーのプライベートレッスンやスノーシューでの山歩き講習を行っている。「地価高騰で資金力のない若い人のビジネスチャンスが奪われつつあるのは心配。若い人は山を下りて倶知安の町なかで新しいことをやれば町はもっと楽しくなるのでは」とも提言

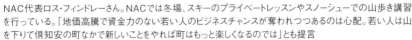

2009年7月号掲載

Story 5

海の関所をめぐる

——松前三湊、それぞれの歴史絵巻

室町時代から交易港
—松前

松前といえば北海道唯一の城下町。江戸時代の歴史をしのばせる町だが、港は室町時代から既に交易港として機能していた。松前港からは昆布や鮭が移出され、蝦夷地南部を統一した蛎崎《かきざき》氏は、商船、旅人、取引される酒や油などに税を課した。これが沖口《おきのくち》番所、後の沖の口奉行所の始まりであり、その資金とシステムは松前藩の基礎

江差町のかもめ島に残る、船をつないだ江戸時代の杭

となったのである。
江戸時代になると、松前藩は松前、江差、箱館（蝦夷地が北海道と改称され、開拓使が北海道での業務開始を宣言した明治二年以降、「箱館」から「函館」へ表記変更が行われたとされている）の三湊にそれぞれ沖の口奉行所（沖の口役所ともいう）を設けた。蝦夷地に出入りする船は、必ず三湊いずれかの沖の口奉行所を通らなければならなかった。

沖の口奉行所は、船の積荷に関税をかけるとともに、犯罪者、刀傷や入れ墨のある者、身元引受人のない者をシャットアウトする役目を果たした。いにしえの家並を再現した「松前藩屋敷」には、沖の口奉行所はじめ武家屋敷、商家に髪結、自身番小屋（交番）が復元されていて、江戸時代にタイムトリップできる。

それにしても、米の取れない松前藩が、沖の口奉行所で徴収する税だけでは藩財政は賄えそうもない。その鍵を握るのが北前船だ。

北前船は大坂から瀬戸内海を通って関門海峡を抜け、日本海を北上して上方と蝦夷地の交易を

復元された沖の口奉行所の建物の中では、取り調べの様子が再現されている

松前藩屋敷の中に復元されている沖の口奉行所の建物

全14棟の建物が復元された松前藩屋敷。人口3万人、仙台より北で最大の城下町のたたずまいを伝えている

松前藩屋敷
松前町字西館68　☎0139-42-2726。9:00〜17:00(最終入館16:30)
4月上旬〜10月末開館、大人360円、小中学生240円

担った。蝦夷地の鰊、干鮭、昆布、木材が大きな富を産むと同時に、城下町には洗練された上方の文化が運ばれてきたのだった。

これらの産物は、アイヌ民族との交易なしに得ることはできない。江戸中期になると、武士は交易の管理を商人に任せ、代わりに上納金を取る「場所請負制」へ移行。しかし「交易」とは名ばかりで、実際は勘定をごまかしたり、不当に安い労働力とするなどアイヌ民族に苦痛を強いて大きな利益を上げた。

松前町教育委員会の前田正憲さんいわく、「交易が藩財政の基盤でしたから、港の機能を優先し、商人を商売しやすい場所に住まわせました。本州の城下町とは構造が異なるのです。松前は、中世末から近世にかけての蝦夷地における最も発達した港湾都市といっていいでしょう」。都から輿《こし》入りした奥方らによる文化の香る小京都、というばかりではない、骨太で機能的な松前の姿が浮かび上がってきた。

松前波止場の防波堤は1873年（明治6年）に城の石垣を再利用して築かれた。先端部には江戸時代の杭が残る

1751〜1763年（宝暦年間）、小玉貞良により松前屏風に描かれた土蔵の土台石（右写真）が秘かに残っている。探偵気分で歩く松前は楽しい（松前町教育委員会所蔵）

商人たちの前線基地
――江差

武家の町・松前に対して、江差はまぎれもなく商人の町だ。江差の主な産物は、高級材であるヒノキアスナロと、鰊を煮て搾った〆粕《しめ》。三湊のうち最北に位置するため、北の産品を集めるにも有利だった。砂州で繋がったかもめ島が防波堤となり、波静かな天然の良港にも恵まれた。

山の豊かさは、ヒノキアスナロを管理する檜山《ひのきやま》奉行所が置かれたことでもうかがえる。これらは、北前船によって日本海沿岸で取り引きされながら上方に至った。江差町教育委員会の藤島一巳さんは、こう語る。

「北前船は単なる輸送船ではありませんでした。産地で安く仕入れ、高く売れる所で下ろす。地域の価格差を利用してビジネスを行う商社そのものだったのです」

とりわけ近江出身の近江商人は三湊に支店を置き、莫大な富を築いた。

そうした商家建築にはいくつかの特徴がある。まず「はねだし」。宅地が狭いため、正規の敷地から海側へ建物を突き出した構造のことだ。はねだしのそばまで艀《はしけ》が入

総ヒノキアスナロで作られた豪壮な2階建ての旧中村家住宅。内密の商談のため、この広間から2階へ上がる隠し階段もあった

れるので、倉は船に直結し、効率的に荷物の積み下ろしができた。

次に「ノザヤ」。強い潮風から白壁を保護する囲いだ。別棟の建物も屋根続きとなるので、荒天時の作業空間を確保できるメリットもあった。商いの大きさのわりに店の間口が狭いのは節税のため。広さに応じて課税されたからだ。こうした建築様式は、近江出身の海産物仲買商・旧中村家住宅や、二百年以上の歴史を刻む横山家でつぶさに見ることができる。

横山家八代目当主・横山敬三さんいわく、「江戸時代半ばから綿花栽培が盛んになり、麻しか着られなかった庶民も綿入れなどで暖かく過ごせるようになり、日本人の寿命が延びたと言われていますが、

「ノザヤ」内部は、表通りから海へ向かう傾斜に沿った階段によってつながっている。奥が表通り側、手前が海側

潮風から白壁の建物を守る囲いである「ノザヤ」に包まれた旧中村家住宅

海に突き出した構造で荷物の積み下ろしが便利だった江差の商家建築。この構造を「はねだし」という。写真は明治時代(横山家所蔵)

旧中村家住宅

江差町字中歌町22　☎0139-52-1617。9:00～17:00、月曜・祝日の翌日休館(4月1日～10月31日無休、年末年始休館)、大人300円、小中高校生100円

これは鰊の〆粕という強力な肥料がもたらされたからこそなのです」。

日本の農業、いや社会を大きく変える原動力が鰊だったとは。さらに横山さんは、「江差の繁栄ぶりを表す〝江差の五月は江戸にもない〟という言葉がありますが、これは政治の中心・江戸ばかり見て威張っているお侍に対し、松前藩の財政基盤である上方と結びついて藩を支えているのは我々商人ですよという秘かな誇りも込められているのです」とも語ってくれた。

町の喧噪《けんそう》を離れた川の畔に、豪商・関川家の旧別荘がある。それは閑雅であるがゆえに、底知れぬ財力を感じさせる。そして「真に藩を支えたのは商人の才覚だ」というつぶやきが聞こえた気がした。

北前船を操り、沖の口業務、米穀問屋、金融、酒造等で栄華を誇った関川家の旧別荘。広さ3300坪。当主の俳号から蓼窓(りょうそう)亭と名付けられた

螺鈿と蒔絵が施された豪奢な鞍は関川家が苗字帯刀を許された証

旧関川家別荘

江差町字豊川町55　☎0139-52-4220。9:00～17:00、4～10月は無休、11月～3月休館。大人100円、小中高校生50円

関所から日本の窓へ
― 函館

松前三湊めぐりの最後は函館である。二〇〇九年は、米・英・仏・蘭・露との修好通商を定め、箱館、新潟、横浜、神戸、長崎を開くとした「安政の五カ国条約」発効の一八五九年（安政六年）六月二日から百五十年目にあたり、函館市では新暦に当てはめた七月一日を開港記念日としている。

しかし箱館は、華やかな世界デビューのずっと前から重要な港だった。日本海沿いの西蝦夷地の産物の集積港だった松前や江差に対して、箱館のテリトリーは太平洋沿岸の東蝦夷地。東蝦夷地が幕府の直轄下にあった時に、幕府の御用として択

市立函館博物館には、幕末にオランダで建造された軍艦・開陽丸の模型も展示されている

エキゾチックな
青色のギヤマン皿
（旧関川家別荘所蔵）

漆黒の地に金色の
蒔絵が深い輝きを放
つ金蒔絵鶉摸様菓子盆
（旧関川家別荘所蔵）

捉方面の航路や漁場の開発を行っていたのが高田屋嘉兵衛である。嘉兵衛は、ロシアとの交渉で外交官のような活躍をし、箱館の父と呼ばれるほど箱館の発展に尽くした。

「松前三湊の中で開港場になれる可能性があったのは箱館のみでした」と語ってくれたのは、市立函館博物館の保科智治さんだ。

「日米和親条約で、アメリカは太平洋側の開港を強く求めました。なぜなら、太平洋で行っていた捕鯨漁のための水や薪の補給港が必要だったからです。一方、幕府にとって箱館は文化四年（一八〇七年）にロシアの南下に備えて全蝦夷地を直轄地にしたことで、勝手のわかった港でした。さらに開港場は警備上、江戸から遠ければ遠いほどあ

「箱館真景」には、和船と洋船が共に停泊する風景や、外国人居留地が描かれている。こうした風景が見られたのは開港5都市と呼ばれる箱館、新潟、横浜、神戸、長崎のみだ（市立函館博物館所蔵）

市立函館博物館

函館市青柳町17-1　☎0138-23-5480。9:00〜16:30（11〜3月は16:00まで）、月曜・毎月最終金曜日・GWを除く祝日休館、大人100円、学生50円（特別展、企画展は別途）

りがたかったのです」

箱館は、開国と鎖国をめぐって正反対の立場の日米の思惑が、奇しくも一致した港であったのだ。

一八五四年（嘉永七年）、下田に続いて視察に訪れたペリー提督一行の様子が描かれた「亜墨利加《あめりか》一条写」からは、異文化に触れた人々の驚きが伝わってくる。しかし、驚きはそれにとどまらなかった。開港場となったことで、写真、洋式造船、ストーブ、ガラス窓、外国語教育、洋式農業などが続々と入ってきて、箱館は蝦夷地の関所から、日本の窓へと変貌したのだ。

そんなハイカラな空気を体感できるのが函館市旧イギリス領事館だ。イギリス領事として最も市民に親しまれたのはユースデン領事と

領事館の窓辺から実物大ユースデン領事が港を眺めていた。望郷の思いに浸っているのか

その夫人であろう。ユースデン領事は、貧しい子らが無料で教育を受けられる学校を設立し、イギリス帰国後も送金を続けた。夫人は、遊郭で働く女性が自活できるよう導く女紅場《じょこうば》を設けたり、西洋洗濯術を伝授した。

　五稜郭が誕生したのも開港したからこそ。開港により外国船が出入りするようになることで、万一の艦砲射撃を避けるため内陸に造られた。この巨大な工事の景気に街は沸いたのだった。

　松前三湊という関所は遥か昔から、人や物や情報をもたらす窓でもあった。この窓から眺めてみると、中世から近世、近代へ、時を貫く鮮やかな歴史がこの北の大地に根づいていることが、はっきりと見えてくる。

館内にある「函館開港の歴史室」では、日本初の国際貿易港の一つとして、開港するまでの歴史がパネルでわかりやすく展示されている

1859年(安政6年)から75年間、英国国旗を掲げ続けた旧領事館は開港の象徴

箱館の町名主小嶋又次郎(こじま またじろう)はペリーの一行が箱館で買い物などをする様子を『亜墨利加一条写』として記録した(函館市中央図書館所蔵)

函館市旧イギリス領事館（開港ミュージアム）

函館市元町33-14　☎0138-83-1800。9:00～19:00(11月1日～3月31日は17:00まで)。年末年始休館。大人300円、学生・生徒・児童150円

2016年5月号掲載

Story 6

イザベラ・バードの北海道

——英国人女性旅行家は何を見たか

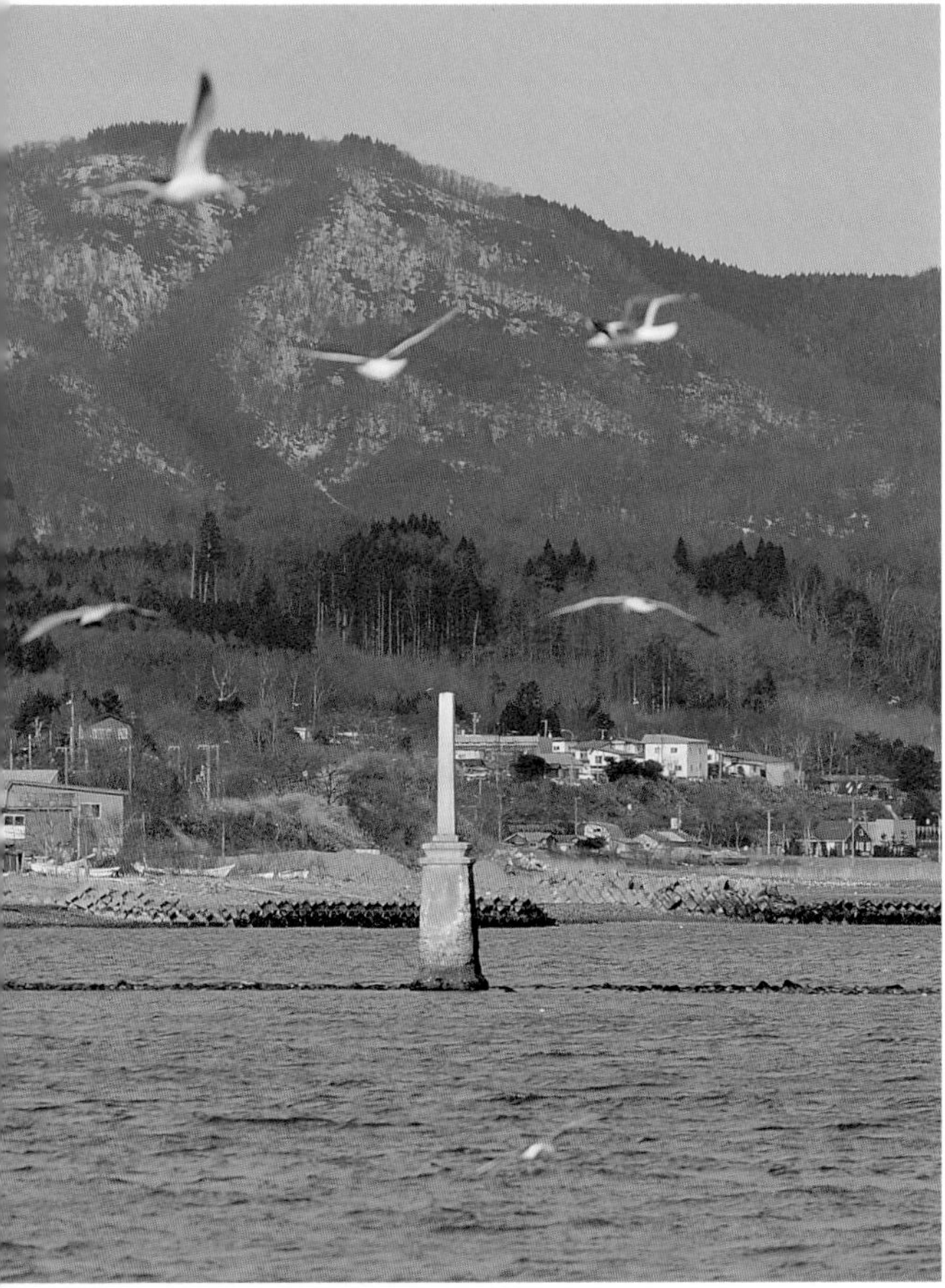

バードが渡った森蘭航路の埠頭は、函館本線森駅（森町）のホームから見える明治天皇御上陸（1881年）記念碑のたもとにあった

明治十一年、横浜へ

ある人は日本の風景や食に惹かれ、ある人は伝統文化を求め、多くの外国人旅行者が日本を訪れる。

しかしバードが横浜に上陸した一八七八年（明治十一年）の日本は、文明開化の幕が開いたばかり。外国人は国内の移動を大きく制限されていた。そんななか、バードは英国公使パークスの力で、日本政府から特別な内地旅行免状《パスポート》（第９報）を得、通訳兼従者の伊藤鶴吉（第

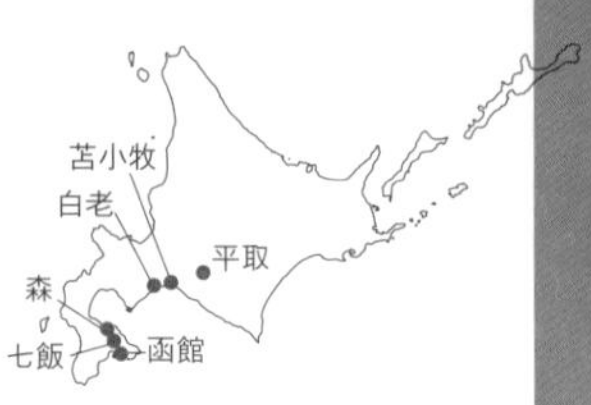

北海道へ旅のルート

（※）バードの旅行記の原題は"Unbeaten Tracks in Japan（日本の未踏の地）"。本稿では、すべて金坂清則訳注『完訳　日本奥地紀行1〜4』（平凡社東洋文庫、2012）によった。該当箇所を「第○報」と記した

６報）ただ一人を供として、東京から北海道に至る旅をした。

既に北米、オセアニア、ハワイを巡り、旅行記がベストセラーになっていたとはいえ、外交官でも貿易商でもお雇い外国人でもない、四十六歳の一女性だ。バード研究の世界的権威で『完訳　日本奥地紀行１〜４』と『新訳　日本奥地紀行』『イザベラ・バードと日本の旅』によって初めてバードの旅の真実を日本人に伝えてくれた京都大学名誉教授の金坂清則さんはこう語る。

「身長百五十センチ、日本人とそれほど変わらない点も生かして、西洋人にとっての未踏の地に深く入り込みました。バードは後に王立地理学協会初の女性特別会員の栄誉を得ますが、その礎となったのが日本

の旅なのです」

　日光東照宮では「西洋美術の美の法則とは全く合致しない美しさによって「西洋」人をとりこにする」として、蓮の葉の露や牡丹の花の陰影までも緻密に表現し、生命感あふれる彫刻を「美の叡智《えいち》」と書いた（第11報）。東洋の宗教芸術を西洋の物差しで否定するのではなく、その絢爛豪華《けんらんごうか》な超絶ぶりに感嘆しながら詳述している。

　山形の米沢盆地では、身分や貧富の差はあれども勤勉な農民が作り上げた田園を「晴れやかで豊饒《ほうじょう》なる大地であり、アジアのアルカディア」だと表現した（第23報）。

　とはいえ、文化のギャップは大きい。障子で隔てられた宿では好奇心丸出しの人々に覗き見されることに戸惑い、道中ずっと蚤《のみ》や蚊に苦しむ。味噌汁は「汚《けが》れた肉の汁」（第9報）だったし、気に入らないことには「始末におえない」（第38報）、「不快きわまりない」（第40報）と、容赦ない。しかし読み進むうちに、イヤなものはイヤと率直に書くバードへの信頼感が増してくるのである。

　津軽の黒石では、七夕の行列に陶然となる。

「提灯なのだが、むしろまるで透し絵のようだった。これを取り巻く何百もの美しい提灯にも、千差万別の奇抜な形をした扇、魚、鳥、凧、太鼓の透し絵が描かれていた。（中略）見たこともないような幻想的な光景だった」（第34報）

　髪結いが女性の黒髪を結い上げる様子も目撃し、女性ならではのときめきも綴られている。そこには金泥で桜が描かれた鏡台や薪絵の化粧箱があった。香油でまとめられ、縮緬《ちりめん》の布や鼈甲《べっこう》の櫛で飾られた髷《まげ》を「まさしくひとつの芸術品」と評している（第35報）。

本州と異なる北海道

　こうした伝統的な情景に浸って旅を重ねた後、津軽海峡を渡り、八月十二日、函館に上陸（第37報）。嵐の中、聖公会の宣教師館（現・函館聖ヨハネ教会）にたどり着く。ドアに鍵があるプライバシーの保たれた部屋で、旅で用いた折り畳み式ベッドではない本物のベッドに横たわり、心底ほっとしたことだろう。同教会の司祭・藤井八郎さんはこう語る。

「バードが旅をしたのはキリスト

郵 便 は が き

料金受取人払郵便

札幌中央局
承 認

6244

差出有効期間
2025年12月31
日まで
(切手不要)

0 6 0 - 8 7 5 1

6 7 2

(受取人)
札幌市中央区大通西3丁目6

北海道新聞社 出版センター
愛読者係
行

お名前	フリガナ	性 別
		男・女
ご住所	〒□□□-□□□□ 都道府県	
電話番号	市外局番 (　　　) ー	年齢 / 職業
Eメールアドレス		
読書傾向	①山 ②歴史・文化 ③社会・教養 ④政治・経済 ⑤科学 ⑥芸術 ⑦建築 ⑧紀行 ⑨スポーツ ⑩料理 ⑪健康 ⑫アウトドア ⑬その他(　　　)	

★ご記入いただいた個人情報は、愛読者管理にのみ利用いたします。

愛読者カード　　　　The JR Hokkaido 北海道への旅

本書をお買い上げくださいましてありがとうございました。内容、デザインなどについてのご感想、ご意見をホームページ「北海道新聞社の本」の本書のレビュー欄にお書き込みください。

このカードをご利用の場合は、下の欄にご記入のうえ、お送りください。今後の編集資料として活用させていただきます。

〈本書ならびに当社刊行物へのご意見やご希望など〉

■ご感想などを新聞やホームページなどに匿名で掲載させていただいてもよろしいですか。（はい　いいえ）

■この本のおすすめレベルに丸をつけてください。

高（5・4・3・2・1）低

〈お買い上げの書店名〉

都道府県　　　　市区町村　　　　書店

デニングが1874年に開いた現・函館聖ヨハネ教会。バードはデニング宅に滞在した。バード来訪の翌年、ジョン・バチェラーはここを拠点にアイヌ民族への伝道と教育に尽力した

函館聖ヨハネ教会

函館市元町3-23　☎0138-23-5584

バードが地形を「ジブラルタルに似ている」(第38報)とした函館は今、エキゾチックな雰囲気に満ちている

開港以来、掲げられてきた門章

函館市旧イギリス領事館家族居室。領事館の昼食会で内陸部探検出発前のフランス人伯爵らと歓談し、彼らより軽量な自分の装備への自信も深めた

教の解禁からわずか五年後のことであり、依然、たいへんな冒険だったと思いますよ」

そんななか、函館には、函館公園の開設や女性の自立に尽力した英国領事ユースデン夫妻がおり、公使パークスの指示の下、バードがうまく旅をできるよう努めてくれた。「東京を出発して約二カ月の間、全く見ることのなかったヨーロッパ人に初めて会ったのが函館なのであり、ここを拠点にいよいよ本州とは異質な世界に向かったのです」と金坂さん。「同じ日本であるが、どこか違う感じ」（第38報）、「カラッとした空気と蝦夷での開放感のおかげで、気分は高揚」（第40報）と書いた背景もよくわかる。

バードは念願かなって馬を駆り、

蓴菜沼から駒ヶ岳を望む（写真提供＝岩山優光）

道内6カ所にあるバードの旅への道しるべ。「イザベラ・バードの道を辿る会」は、七飯町（蓴菜沼）、森町（旧桟橋）、白老町（しらおい創造空間「蔵」）、日高町（富川）、平取町（紫雲古津川向大橋、義経神社）に解説板を設置。バードの旅へ導いてくれる

現・七飯町の蓴菜沼《じゅんさいぬま》を訪れて画家が自在に筆を運ぶように風景を描写した。

「夕焼けが辺りをピンクと緑に包み、その色に染まった水面には、蓴菜のなめらかで柔らかで大きな葉が浮かんでいる。また木々の生い茂る山々のその上には、駒ヶ岳火山のほとんど何にもおおわれずギザギザに尖った山頂が夕陽を浴びて赤く輝いている」（第40報）

金坂さんは、「過去の旅行記に描かれた旅の時空と現在に生きる私たちの旅の時空を、後者に主体性をもたせて重ね合わせる旅」として「ツイン・タイム・トラベル＝Twin Time Travel」を提唱する。たしかに蓴菜沼のほとりに立った筆者の前に百三十八年前の夏が蘇る

とともに、今、ここにいる自分をはっきり感じることができた。
　蓴菜沼には「イザベラ・バードの道を辿る会」が設置した解説板がある。この会は、バードの旅のルートとその変遷を追跡してエコ・ツーリズムに活かしながら地域活性化に貢献しようと、二〇〇七年に発足したもの。同会七飯支部長の金澤晋一さんは「バードは色彩表現が豊かですね。自然がありのままの営みをやっていた手つかずの北海道を見ることができたバードが羨ましいです」と、環境省自然公園指導員ならではの感想も語ってくれた。

　平取をめざして出発したバードは、八月十九日、森から室蘭へ向けて噴火湾を渡る（第40報）。陸路が未整備だった当時、沿岸を回ると約百五十キロのところ約四十キロで結ぶ海路は札幌本道の一部としての重要な交通路で、森蘭《しんらん》航路と呼ばれた。「ハワイ島の風上側に当たる一部の風景を別とすれば、日本の海岸の風景ほど美しいものを見たことがない」（第40報）とバードは書いた。

　「辿る会」会長で酪農学園大学教授の金子正美さんはこう語る。

　「北海道にはアイヌ民族の暮らしがあり、かつバードが来た頃、既に欧米から近代農業ももたらされていました。外国人が北海道に注目した意味をあらためて考えてみたいですね」

バードがくれる翼

　「とても麗しい湾の急峻な岸辺という絵のように美しいところにある小さな町」（第40報）と記した室蘭からは、人力車で白老に向かい、駅逓に宿泊した。「辿る会」白老支部事務局長で映像作家の丸山伸也さんは「バードは野生馬を追うアイヌの姿を見かけて住居を訪ねたり、白老川上流で温泉も確認し『白老がたいへん好きである』と書いています。この自然を守りつつ、観光資源として生かしたい」と夢を膨らませる。

夜明けの森桟橋跡。左手奥は明治天皇御上陸記念碑。対岸には室蘭もかすんで見える（撮影＝北海道新聞社）

苫小牧からは得意の乗馬でハマナスの咲く草原を悠然と進み、勇払原野へ。「この場所にもう一度戻ってきたいと思うほどに魅了されたが、ありていに言えば、ここにあるものというよりも、ここには何もないことに魅惑されたのである。伊藤は、こんなところに二日もいたら死んでしまいます、と言う」（第40報）と記した。何もない風景に無性に惹かれてしまう感性は現代人にも通じる。勇武津《ゆうふつ》資料館（苫小牧市）では、初版本と、バードが旅で用いたブラントン日本図を見ることができる。

沙流川河口からバードの最終目的地平取への十五キロには、「辿る会」が設定したフットパスのコースがある。案内板に沿ってサラブレッドの牧場や田園風景を眺めながら

勇武津資料館
苫小牧市字勇払132-32　☎0144-56-0201。10:00～17:00。月曜休館（祝日の場合、翌日休）、年末年始休館。入館無料

歩く旅は実に楽しい。

　平取ではアイヌの首長、ペンリウクの家に三泊し、衣食住、言語、家族、狩猟、工芸、儀礼、楽器、埋葬など多岐にわたって聞き取り、五時間もぶっ通しで取材メモを書き続けた。それは西洋の文明人を自負するバードが、自然と共生する民族の深い「知」に触れていく時間だった。たとえばアイヌ民族は衣服の材料にする樹木の皮を剥ぐ際も、四分の三以上は残して枯らさない。

「辿る会」平取部会長の寺島芳郎さんは「当時の平取は人口千二百十六人で全員がアイヌでした。バードが知りたかったアイヌの狩猟、動植物、アイヌ語についての博物館があれば満足したでしょうね」と言う。

　バードは滞在中、年長者への礼、

病人に薬を与えたお礼でアイヌの人々がバードをその旧地へ特別に案内してくれた義経神社

「辿る会」によるフットパス案内板は沙流川流域に28基。フットパスマップ片手に沙流川の流れ（右写真）を眺めながら歩きたい

"Unbeaten Tracks in Japan"の初版本（右）。勇武津資料館（左）はバードが「お化け屋敷のよう」（第40報）と書いた勇払会所跡の番屋を復元した建物だ

もてなしの心、思慮深さ、誠実さと勤勉、親子の愛情表現に触れる。子のない正妻が、子を産んだもう一人の妻へ向ける複雑な眼差しも見逃さない（第41報）。

インバウンドの先駆者・バードは、アイヌの人々との出会いによって民族を越えた生きることの尊さ、せつなさを探り当てたように思える。「その甘美な低音や、柔和な茶色の目の優しいまなざし、この上なくすてきな柔和な微笑みは決して忘れたくない」（第42報）と記した。

北海道新幹線がつなぐ北海道と本州。『完訳　日本奥地紀行』を手に二つの旅の時空を行き来する時、私たちの心の翼は無限に広がってゆく。それこそが旅の力なのかもしれない。

Story 7

農家の相棒、トラクター

―― 世紀のマシーンと北海道

世界史を動かしたトラクター

ひゅるひゅるぽんぽん、どどどど……。一九六〇年代生まれのトラクターが、エンジン音を響かせて動き出した。初めて見るのに、なぜか懐かしい。音更町の農家、茂古《もこ》沼一《ぬまくに》さんは、外国製を中心に古いトラクターを千台も修理してきたスゴ腕の持ち主だ。二〇一四年にはオールドトラクター保存会を立ち上げ、会長を務めている。

「昭和三十六年にイギリスのフォードソン社のトラクターを買ってね、近隣の農家にはなかったから土起こしを頼まれて大忙しだったの。ところが故障すると修理代がものすごくかかる。それで、どこが壊れても自分で直すと決心してから、独学で覚えていったんだよ」

茂古沼さんは百年前のトラクターを蘇らせたこともある。宮内省御開墾所として明治時代に開かれた福島県岩瀬郡鏡石町の岩瀬牧場にあったフォードソンだ。

「今のお金で一億円近くしたんでないかな。国が十五台輸入したうちの一台。中は錆《さび》のかたまりだったけど、動くようになりました」

茂古沼さんの工房は、いわばトラクターの病院だ。エンジンからランプカバーまで、大事に保管されている無数の中古部品が、必要とする箇所に手術を施される。遠い異国から日本へ来て働き、恵みをもたらしてくれた功労者たちが、ここで生き返るのだ。

トラクターは当初は馬や牛に代

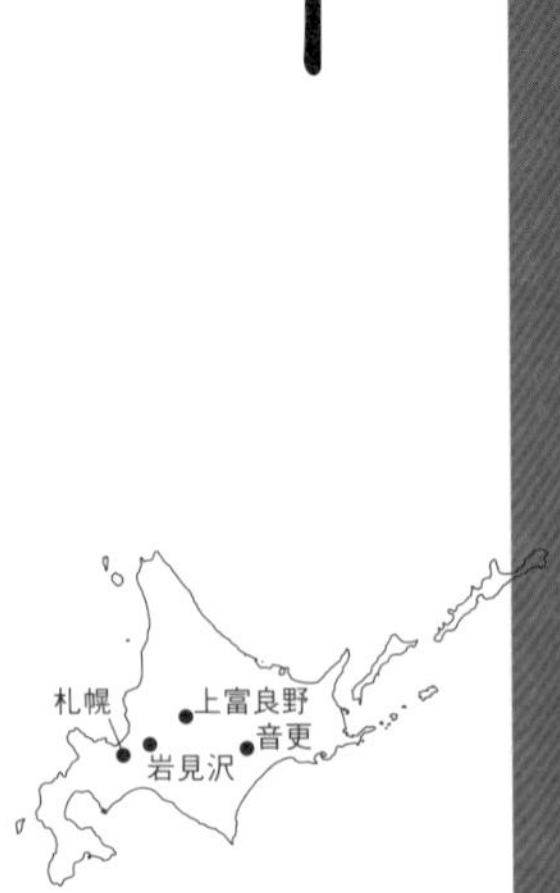

米ファーガソン社製トラクターを動かす茂古沼さん。車庫には68年前に米国で製造されたトラクターをはじめ往年の名機10台が並ぶ

わって鍬を牽《ひ》く作業に使われたが、やがてさまざまな作業機に動力を供給することで、実に多彩な作業を行うようになる。土起こし、播種《はしゅ》、苗植え、施肥《せひ》や病虫害の防除、培土、除草、牧草の梱包、収穫……。

『トラクターの世界史』（中公新書）によると、世界初のトラクターは一八九二年（明治二十五年）に米国のジョン・フローリッチが開発したもの。日本への初導入は一九〇九年（明治四十二年）、岩手県小岩井農場で、一九一一年に斜里町の三井農場に入ったのが二例目とのこと。著者の京都大学人文科学研究所准教授の藤原辰史さんはこう語る。

「第一次世界大戦中、イギリスやフランスが戦車の開発を始めましたが、それは農業用の履帯トラクター

修理を待つ1961年ランツ社（ドイツ）製トラクター。ランツ社は1859年設立で、ドイツ製トラクターで最も成功した。ディア・アンド・カンパニー社に買収されてから車体が緑色になったが、もとはシルバー

茂古沼さんは御年81歳の現役エンジニア。オールドトラクター保存会は全国に25人の会員がいる

から着想を得たものでした。ドイツではヒトラーが安価なトラクター開発を目指しました。第二次世界大戦中には各国のトラクター工場は戦車工場として転用されました。トラクターと戦車は、二つの顔を持った一つの機械でした」

　アメリカでは世界一の農業生産を達成して邁《まい》進する資本主義を支え、ソ連では共産主義の土台となる農地集積が、トラクターステーションを核として行われたという。「トラクターを無視して二十世紀を語ることはできません」と藤原さん。ベンツも、ランボルギーニも、ポルシェも、トラクター製造から出発した。

　『トラクターの世界史』を読むと、土を耕す苦役から人類を解放し、作物の大量生産を実現したトラクターが、国家はもちろん世界史を左右したことがわかってくる。北海道生まれでもある藤原さんいわく、「北海道の特徴は、海外製で馬力の強いトラクターが多いこと、一つの経営に複数のトラクターを有することが多いことだと思います」。

　それを裏付けてくれたのが、北海道農政部生産振興局技術普及課研究連携グループ主幹の伊藤隆之さんだ。

　「耕起から始まり施肥、播種、病虫害の防除、収穫といった一連の農作業には多種多様な農作業機を使用しますので、作業ごとにトラクターに求める能力に違いが生じます。このため、効率性、経済性、安全性、操作性などを考慮の上、作業に合わせたトラクターの導入

9月下旬の音更町は、トラクターがハーベスターという作業機をつないで収穫作業の真っ最中だった

が進み、経営規模の大きい農家では複数台所有しています」

さすが北海道である。

農家と生きてきたトラクター

そんなトラクターをじかに見られるのが上富良野町の「土の館」だ。プラウ製造の国内最大手、スガノ農機が設立した博物館である。

プラウとは馬に牽かせて土を起こす洋式農具だ。北海道では開拓期から洋式農具が使われた。一九一七年（大正六年）、菅野豊治が上富良野町で菅野農機具製作所を創業し、菅野式炭素焼プラウを完成し、土質に合ったプラウの研究を重ねた。戦前、豊治は製法を上川管内の業者に開放し、満州に工場も建設し

明治時代後期に上富良野町で使われていた米国ジョンディア社製の畜力2頭曳乗用プラウ(写真提供＝土の館)

た。しかし敗戦で全てを失い、上富良野に引き揚げて会社を再興した。

館長の田村政行さんはこう話す。

「三代目社長で当館を開いた菅野祥孝は当時十三歳でした。館には三代目の土への思いが込められています。当初、馬が牽いていたプラウですが、トラクターの導入で耕す深さが変わりました。馬は十センチちょっとのところ、当時は十～二十馬力ほどの小さいトラクターでも十五～二十五センチ耕せました。この違いが大きかったのです。根を深く張った作物の収量が増し、国策で一気にトラクターの導入が進みました」

「開拓では馬が家族だったように、トラクターも農家の同志でした。北海道の個人の農家に初めてトラクターが入った一九五一年（昭和二十六年）当時の価格が約百万円。住宅一戸が七十万円の時代ですから、大きな投資でもあったでしょう。当館のトラクターは農家から寄贈されたもので、大切な家族をお預かりする気持ちで手入れして約

国立科学博物館「重要科学技術史資料」、日本機械学会「機械遺産」、北海道遺産協議会「北海道遺産」に認定・登録されている土の館は土の標本、モノリスの展示でも有名だ。館長の田村さんは「そこにも菅野祥孝氏の土への思いがある」と語ってくれた

土の館

上富良野町西2線北25号　☎0167-45-3055。9:00～16:00
土曜・日曜・祝日休館（開館の場合もあり）。入館無料

1902年（明治35年）にカナダで製造された蒸気トラクター。仕組みは蒸気機関車と同じため、富良野SL保存会の皆さんが2001年に修理し、11年まで動かしていた。25馬力で重さ9トン。由仁町の三谷農場から土の館に寄贈された（写真提供＝土の館）

八十台展示しています」

「土の館」のトラクターは、農業という産業の遺産だ。北海道産業考古学会会長の山田大隆さんは、「社会を支える基盤としての産業技術は、その時々の社会の要求に応えて築き上げられた先人たちの努力の結晶です。それを保存評価し、遺産として活用することによって初めて、過去を知り、今を理解し、将来を考えることができます」と言う。

産業考古学は一九五五年にイギリスで提唱された学問で、産業技術の歴史を現物に即して調査研究し、評価し、保存・活用について提言するものだ。その取り組みの成果は、多くの産業遺産がユネスコの世界遺産に登録されていることからもわかる。

そして二十一世紀の今、トラクターは、ロボット技術や情報通信技術（ICT）を活用して、省力化、高品質生産を実現する「スマート農業」の分野で活躍し始めている。それが無人で農作業を行うロボットトラクターだ。

北海道でGPSガイダンスシステム搭載のトラクターは全国の約八割にあたる約一万一千五百台、自動操舵装置を付けたトラクターは全国の約九割にあたる約六千百台（ともに平成二十一～三十年度累計）が出荷されている。

前出の道農政部主幹の伊藤さんいわく、「担い手不足で一戸あたりの規模が拡大し、農作業の忙しい時に農家が雇っていた出面《でめん》さんも高齢化で人手不足です。そんな中、

【右上】1951年に導入されたインターナショナル・ハーベスター社（米国）製トラクター。9.75馬力。土の館によると道内の個人農家が購入した輸入トラクター第1号とされている【左上】1954年に導入されたランツ社（ドイツ）製ブルドッグトラクター。55馬力【右下】1958年製造のマン社（ドイツ）製トラクター。40馬力（土の館所蔵）【左下】1963年に導入されたポルシェ社（ドイツ）製トラクター。32馬力（土の館所蔵）

自動操舵のトラクターは乗っているだけで勝手に操縦してくれるので、農家は大助かりなのです。トラクターは作業機をつけてまっすぐに走らせるだけで至難の業なのですが、圃場の長さや作業幅を入力するだけで、誰でも手放しで正確に操縦できるのです」。

プラウを牽く現代のトラクター。スガノ農機は、白を「ごまかしの利かない色」であるとしてトレードマークに選んだ

農薬散布中のトラクター。自動操舵装置によって運転され、運転席は無人

無人のロボットトラクターが協調して農作業を行っている風景（写真提供＝野口伸）

5Gで動く最先端トラクター

これをリードしているのが北海道大学大学院農学研究院副研究院長で教授の野口伸《のぼる》さんだ。二十八年ほど前にGPSなしの測位システムを開発し、一九九六年、米国のイリノイ大学留学中に、自動操舵の技術を使ってロボットトラクターを開発した。それがGPSを使った無人トラクターの初めての事例だとか。

野口さんはこう語る。

「近年は担い手不足解消のため土地を集約して大規模化する際、トラクターも作業機も次々に大型化し、何十トン、何百馬力というものになっています。しかし大型化は限界なのです。土を踏み固めてしまい、イギリスでは固められた土を砕くために、年間に農作業で使う石油の九十パーセントも費やしています。また気象変動によって、ヨーロッパでもゲリラ豪雨に見舞われるようになり、大型機械は自分の重量で埋まってしまう。一台数千万円もして、農家の負担も大きい。そこで複数の小型トラクターを自動操舵で動かすことを考えました」

「五十馬力の小型トラクターでも、四台で仕事をすれば二百馬力になる。小型トラクター製造は日本のメーカーのお家芸だから、量産でさらに安くなる。農家は大きな投資をしなくても規模拡大ができるので、耕作放棄地対策にも有効なのです。その際に重要なのが、

後ろのトラクターに乗った人が、前の無人トラクターを監視しながら農作業を行う(写真提供=野口伸)

複数の無人トラクターが協調して動く技術で、現在、北大の農場では、五台が衝突せずに作業しています。世界初です」

そこで欠かせないのが衛星による測位技術だ。とりわけ二〇一八年十一月にサービスを開始したばかりの準天頂衛星「みちびき」は、日本はもちろん、軌道上にある東南アジア、オセアニアという広いエリアで利用できる。従来の衛星受信では誤差十メートルだったが、「みちびき」によって誤差六センチ、基地局による補正を加えると誤差二〜三センチになるという。

先日、岩見沢市北村で世界最先端の試みが始まった。岩見沢市、北海道大学、NTTグループの連携協定による大容量通信5Gの電

無人のロボットトラクターの運転席。無人トラクター技術にはレベル1～3がある。レベル1は人が乗って手放し運転できる。レベル2は1台のみ人が乗り、残りの複数台が圃場内で無人運転できる。レベル3は遠隔監視で無人トラクターが公道を走って複数の圃場に出かけて作業できるというもの。野口さんはレベル3の実用化を目指している（写真提供＝野口伸）

池井戸潤の小説『下町ロケット　ヤタガラス』に登場する野木博文教授のモデルにもなった野口さん

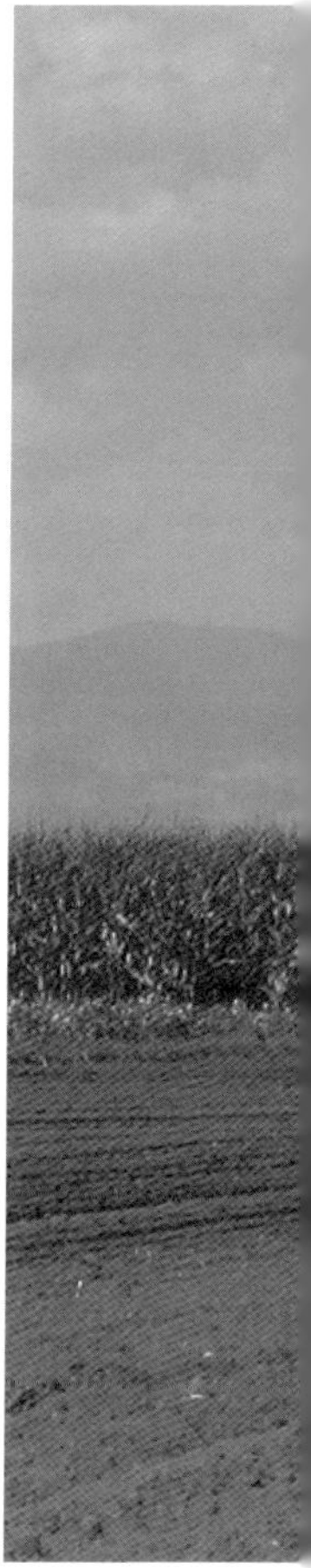

波を使った無人トラクター、ロボット農機の試験だ。

「4Gでは一秒の遅れが出てしまい、公道での緊急時に対応しきれない恐れがあります。5Gにはその遅延がないのです。現在、公道を無人機が走ることは許可されていませんが、北村の実験では、農道を使って離れた圃場と圃場を無人トラクターが移動する技術の確立を目指します。国内初の実証実験です」と野口さん。

「このようにロボット農機が社会に普及するのは世界で例がありません。技術開発とともにロボット農機の安全性確保のガイドラインを農林水産省が整備したことで、農家もメーカーも安心して取り組めるようになりました」

十九世紀に誕生し、二十世紀をつくったトラクター。二十一世紀も大地にどっしりと根付きながら、社会の課題解決という新しいフロンティアを拓き始めている。世紀のマシーンから目が離せない。

2019年8月号掲載

Story 8

道東チャシ紀行

——アイヌ民族の「砦」を訪ねて

神の嶺の嶺ノ上なる

ミズナラのトンネルを抜けると、半円形の壕《ごう》に縁取られた平地が広がった。ノツカマフ一号チャシ跡だ。その先には青い夏の海。海上に浮かぶ大きな藍色の島影は、国後島だ。

根室半島の北側にある一号チャシ跡は、幅約五メートル、深さ約三メートルの壕が二つ連結したもの。そして一号チャシ跡から海浜植物の草原を百メートル弱歩くと二号チャシ跡がある。こちらは幅約三メートル、深さ約五〇センチの壕が巡らされている。

根室市歴史と自然の資料館の学芸主査、猪熊樹人さんいわく、「根室・釧路・十勝・日高・胆振地方に道内のチャシの七割以上が集中していて、そのうち根室・釧路地方は四割近くを占め、大規模なものが多いのが特徴です。約三メートルもの深い壕を、鉄の道具が希少な時代によく掘れたなと思います。しっかりしたアイヌ社会があったからこそ、大きな労働力を要する土

壕が二つ連結しているノツカマフ1号チャシ跡。岬の突端という立地から、見張り台や漁業資源の監視場としての役割も想像できた。根室市内には32カ所ものチャシ跡があり、ノツカマフ1号・2号チャシ跡をはじめ24カ所が国指定史跡。ノツカマフ1号・2号チャシ跡とヲンネモトチャシ跡が見学先として整備されている

木工事ができたのでしょう。根室・釧路地方では、和人との交易において価値が高いオジロワシの羽根やクロテンの毛皮などが得られたことも背景にあるでしょう」。

アイヌ民族初の北海道大学教授となった知里真志保《ちりましほ》（一九〇九―一九六一）はチャシをこう定義した。

「砦・館・柵・柵囲い。古謡の中では英雄の常住する館をさす。高い山の上にあって割木《わりき》の柵を結いめぐらしたもののようにのべている。祈詞《きし》の中では家の意味に使うこともある。日常語では単なる柵、または柵囲いの意になっている」

アイヌ民族の口承文学であるユカラは、神々や英雄を謡い継いできた。代表的なユカラ「大伝」には、英雄神アイヌラックルが、チャシである

左の二つ繋がった半円がノツカマフ1号チャシ跡、岬の中央の半円が2号チャシ跡（撮影＝北海道新聞社）

わが家を振り返りながら戦いに出かける際の描写がある。

Kamui shikuma　神の嶺の
shikuma-ka ta　嶺ノ上なる
tamboro chise　この大きな家
tammboro chashi　この大きな柵構《さくがまえ》
uworeroshki　重なり立ち、
tamboro chise　この大きな家の
rikun kibibi　上なる軒
ranke kibibi　下なる軒（に）
sep birankani　幅広い平金が
chiekaybare,　取りつけてあり、
birankani kurka　平金のおもて
tu kani shiriki　数々の金色の模様
re kani shiriki　たくさんの金色の模様
chietomtekar　で飾ってあり、
kurkashike　その表面
kamui nubeki　神々しい光が
komaknatara　相映じ合う。

「根室シンポジウム「北からの日本史」メナシの世界」より引用

なんと荘厳な情景だろう。考古学者で北海道学芸大学（現・北海道教育大学）教授の河野広道（一九〇五—一九六三）は、チャシの形を四つに分類した。

丘先式／岬や丘の一端を弧状の壕をもって区切ったチャシ

面崖式／崖に面する台地の一部に半円形または四角形の壕を廻したチャシ

丘頂式／お供え餅形のチャシ

孤島式／湖中や湿地中に孤立している丘や島をそのまま砦として利用したチャシ

「大伝」で謡われたのはどのタイプのチャシかしらと、想像するのもワクワクする。

猪熊さんいわく、「チャシは、アイヌ同士、あるいは和人との間で緊張状態になったとき砦として立てこもった場所です。日常的には資源管理、いわゆる見張り場で、祭祀を行う聖地でもあったとされています」。

ノッカマフ一号、二号があるノッ

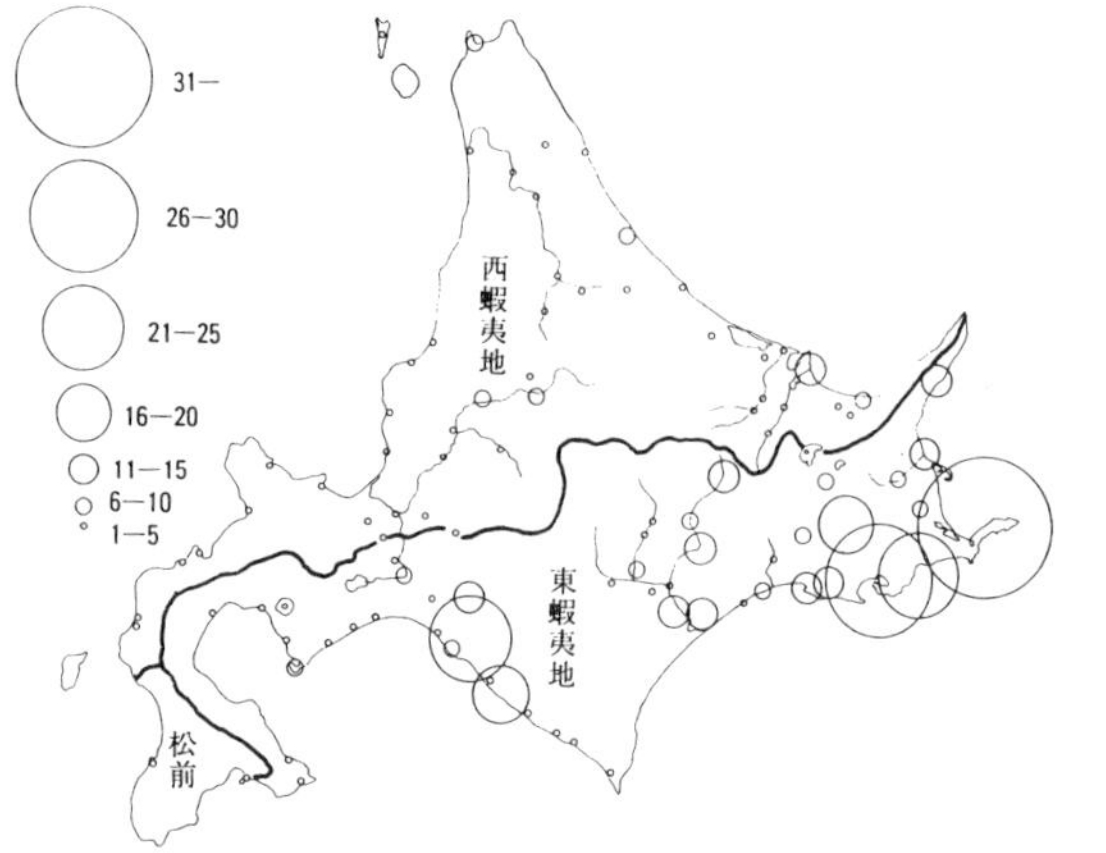

北海道各地のチャシ分布（数字はチャシの数）。北海道チャシ学会編『アイヌのチャシとその世界』（北海道出版企画センター）から転載

カマップは一七七八年（安永七年）六月九日（旧暦）、ロシアの商人シャバーリンがクナシリアイヌの首長ツキノエの案内で来訪して交易を申し出た場所で、日露外交発祥の地でもあるという。日露外交の始まりといえば「ラクスマンの根室来航」と歴史の教科書で読んだ覚えがあるが、その十四年も前に来航していたとは。

一行は上乗役（蝦夷地の各場所へ行く船に乗り込んで積入荷物を改める松前藩の役人）の松前藩士に藩主への贈り物と書翰《しょかん》を渡し、藩士は翌年夏に返答するとして帰船を促した。この時、シャバーリンの母船には交易のための和蘭羅紗《オランダラシャ》、天鵞絨《ビロード》、繻子《シュス》、麦粉、挽割《ひきわり》麦、油、砂糖、肉などが積まれていたという。

描かれた首長たち

ノッカマップは一七八九年（寛政元年）に起きた大事件とも関係している。それは「クナシリ・メナシの戦い」だ。場所請負人がアイヌの人たちを酷使したことでクナシリ島とメナシ（現標津町、羅臼町付近）のアイヌ百三十人が立ち上がり、和人七十一人を殺したもの。ノッカマップの首長ションコが交易のためウルップ島に行った留守中の出来事だった。

松前藩に鎮圧され、アイヌの指揮者三十七人が処刑されたが、その処刑の場がノッカマップなのだ。猪熊さんは「標津、羅臼で起こった戦いの首謀者がここに集められて処刑されたのは、この地域の中心

1974年から毎年、ノッカマップで続けられているイチャルパ。「クナシリ・メナシの戦い」で処刑された37人を供養するため、37本のイナウが立てられる。一行は納沙布岬にある「横死七十一人の墓」で和人の供養も行う（写真提供＝根室市歴史と自然の資料館）

地だったからこそでしょう」と言う。

場所請負人の存在は松前藩の財政と深く結びついている。米の取れない松前藩では、家臣が直接、蝦夷地の決められた場所へ船で出向いて、米、酒、鉄鍋などの食料や生活道具をアイヌの鮭、毛皮、ワシの羽根などと交換し、それらを商人に売って利益を得ていたが、やがて商人に交易権を与えて運上金を納めさせるようになった。それが場所請負制度である。

ネムロ、クナシリ、アッケシの場所を請け負った飛騨屋久兵衛の場所経営では、遠方からアイヌの人々を集め、番人が暴力で支配し、鮭のしめ粕生産や搾油の過酷な労働に従事させた。交易は帳簿も記載しない〝どんぶり勘定〟で、監督

ノッカマップの首長・ションコ。ションコがラッコの毛皮の交易でウルップ島に行った留守中に「クナシリ・メナシの戦い」が勃発した。個人蔵(写真提供=北海道博物館)

すべき役人も不正を行っていた。アイヌは越冬食料の確保ができず、冬に餓死する者も出た。「クナシリ・メナシの戦い」は起こるべくして起こった戦いだった。

しかし、アイヌの首長たちは圧倒的な武力を有する松前藩に協力せざるを得なかった。その首長十二人の肖像画が「夷酋列像《いしゅうれつぞう》」である。松前藩主の命を受け、家老の蠣崎《かきざき》波響《はきょう》によって描かれたが、首長たちの実像ではない。豪華な衣装をまとい、精悍で雄々しいアイヌ首長の姿を強調することで、彼らを配下に掌握している蝦夷地支配者としての松前藩主の力をアピールする政治的な意図に基づくものだったからだ。

猪熊さんは「チャシに来たら、同じ場所でそれ以前に花開いた文

クナシリの首長・ツキノエ。息子の一人を処刑されながら松前藩に従順な態度をとったツキノエの影響は大きく、他のアイヌは従わざるをえなかった。個人蔵（写真提供＝北海道博物館）

化にも注目してほしい」と言う。それは五世紀頃から十二世紀頃にかけてオホーツク海沿岸に広まったオホーツク文化と、アイヌ文化の源流にあたる擦文《さつもん》文化だ。オホーツク人は海獣の狩猟と利用に秀でていた。根室市にあるヲンネモトチャシ跡の近くからはオホーツク文化期の釣り針などが出土している。オホーツク文化は擦文文化と融合し、チャシを築いたアイヌ文化へとつながっていった。

根室市歴史と自然の資料館には、アホウドリの骨に捕鯨の様子を彫ったオホーツク文化期の針入れが保存されている。これは、在野の研究者である北構《きたかまえ》保《やす》男《お》博士が十四歳の時に発見したものだ。北構さんはオホーツク文化研究を八十年以上も続け、文化遺産の継承に貢献した功績により、二〇一九年に御年百歳で「第十三回読売あをによし賞」を受賞した。

【上】8世紀頃のオホーツク文化期のアホウドリ骨製縫い針入れ(弁天島貝塚竪穴群出土、長さ8.3cm)
【下】内側に耳のような取手がついた内耳土器。鉄鍋が希少だった時代に鉄鍋を模して作られた。13世紀頃の西月ヶ岡遺跡(擦文文化期)出土(ともに根室市歴史と自然の資料館所蔵)

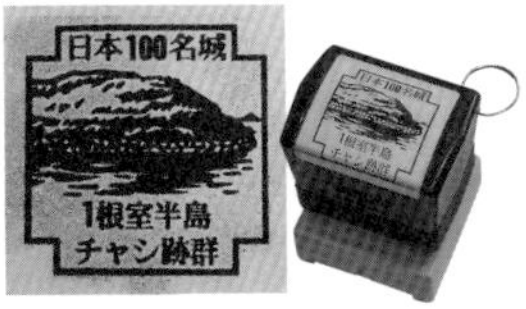

「日本100名城」のトップを切る根室半島チャシ跡群のスタンプは、根室市歴史と自然の資料館と根室市観光物産センターに設置されている

根室市歴史と自然の資料館は1942年に大湊海軍通信隊根室分遣所として建てられた歴史的建造物だ

ノツカマフチャシについて現地と資料館のジオラマで説明してくれた猪熊さん

根室市歴史と自然の資料館

根室市花咲港209　☎0153-25-3661。9:30〜16:30、月曜・祝日(月曜が祝日の場合、月・火曜日休館)・年末年始休館。入館無料

「砂・クジラ」の伝承

次に訪れたのは浦幌町のオタフンベチャシだ。浦幌町立博物館学芸員の持田誠さんに特別に許可をいただいてオタフンベチャシに登った。

「オタ・フンベ」はアイヌ語で「砂・クジラ」の意味だそうで、持田さんはその由来を教えてくれた。

「昔、アッケシアイヌに攻め込まれたシラヌカアイヌは、徐々に攻めたてられて南下し、乙部のチャシに立てこもりました。そこでアッケシ軍は夜中のうちに前浜に砂でクジラの形を作り、その陰に伏兵を忍ばせました。夜が明け、砂を寄りクジラと勘違いして近づいたシラヌカ軍が不意打ちに遭ったというものです」。寄りクジラとは漂着したクジラのことで、肉は食料に、骨は骨角器として利用された。

伝承には壮絶な続きがある。奇襲されたシラヌカの長の睾丸《こうがん》に矢が当たった沢はオプショマイナイ（睾丸を破られた沢）、小川を飛び越えた時に睾丸がちぎれ死んだところはノコマナイ（睾丸の落ちた沢）、血で真っ赤に染まった川は

十勝地方初の博物館「浦幌町郷土博物館」を前身とする浦幌町立博物館は1969年開館

浦幌町立博物館

浦幌町字桜町16-1　☎015-576-2009。10:00～18:00、月曜（祝日の場合は翌日）、祝日の翌日（土曜・日曜・祝日を除く）、年末年始休館。入館無料

フレベッ（赤い川）となり、船で漕ぎ出そうとしたアッケシ軍は、墓から飛び出したハチの大群に刺殺されてしまったというのだ。広い海と空の間で繰り広げられた戦闘を想像しながらオタフンベチャシにたたずむと、耳の奥に戦士たちの咆《ほう》哮《こう》がこだましてくるようだ。

最後に、浦幌十勝川沿いの段丘

オタフンベチャシについて現地で説明してくれた浦幌町立博物館学芸員の持田さん

持田さんとともに胸まで繁るフキをかき分けてオタフンベチャシの斜面の縁にたどり着き、高さ約27mの丘を登ると、右に大樹町から日高山脈方面、左に白糠町、釧路市方面が一望できた。海を泳ぐネズミイルカの群れも見えるそうで、資源監視場としても絶好の立地

上にある十勝太Bチャシに向かった。現在の十勝川の河口は豊頃町大津にあるが、昔は浦幌十勝川が十勝川本流だったため、「十勝太」という地名なのだとか。

「十勝川と浦幌十勝川が一望できる十勝太はチャシを築く理想的な場所です。二つの川の河口はアイヌ民族にとって鮭漁やチョウザメ漁の漁場でもありました。チャシを見れば、はるか前からまぎれもなく北に生きた人たちの営みがあったことをうかがい知ることができます」

持田さんの言葉が心にしみる。

道内に残されているチャシ跡は五百カ所以上。それが身近な場所でも旅先でも、自然と共に生きたアイヌの人々の思いや社会のありさまに触れてみたいと切に思った。

オタフンベチャシの平坦面は約21m×約7m。太平洋に面した自然地形を巧みに利用していることがよくわかる空撮写真(提供=浦幌町立博物館)

■参考文献
北海道東北史研究会編『メナシの世界』、北海道チャシ学会編『アイヌのチャシとその世界』、宇田川洋著『増補改訂　アイヌ伝承と砦(チャシ)』(以上、北海道出版企画センター)、『北海道の歴史 上』(北海道新聞社)

2021年7月号掲載

Story 9

鉄路が拓いた釧路の近代

――硫黄、石炭、木材

アイヌ語で「裸の山」を意味する「アトサヌプリ」。噴気口は1500カ所以上もある。阿寒摩周国立公園を代表するスポットで、川湯温泉街と硫黄山を結ぶ約2.5kmの散策路では6〜7月、エゾイソツツジの花が美しい（北海道大学附属図書館所蔵）

百二十年前、釧路から西へ

北海道の内陸開発は、大きな流れとしてみると道南・道央から道東・道北へ、つまり東や北へと進んだ。ならば、一九〇一年（明治三十四年）七月二十日に開通した北海道官設鉄道の釧路駅〜白糠駅間も、札幌から東へ延びてきて、白糠駅を経て釧路に到達したと思われるのではないだろうか。ところが、逆なのである。釧路駅を起点に、大楽毛《おたのしけ》駅、庶路《しょろ》駅、白糠駅と西へ延びた。なぜ、釧路駅が釧路線（当時）の起点になったのか。そこには硫黄と港の存在がある。（当時の釧路駅の呼称は釧路停車場。「國有鐵道建設規定」＝一九二一年公布、二二年施行＝で駅、操車場、信号場の総称が「停車場」と定義付けられ、国鉄、JR各社へと引き継がれている）

弟子屈《てしかが》町の硫黄山（アトサヌプリ）は、今も至るところで熱い噴気を上げ、強い硫黄の臭いが立ち込め、硫黄の結晶がレモンイエローの花の

D60けん引の夜行列車、下り急行「まりも」号が新富士駅を越え釧路川橋梁を渡り、間もなく釧路駅に到着する。道路橋（新川橋）は木造の時代だ（1954年頃、撮影＝酒井豊隆、釧路市立博物館所蔵）

ように山肌を染めている。日本屈指の強酸性の泉質を誇る川湯温泉の源泉でもある。ここで一八七六年（明治九年）に硫黄の試掘が始まった。

近代化のとば口に立ったばかりの日本国内の需要はまだ多くなかったが、硫黄は黒色火薬の原料や漂白の用途で重要な輸出品となる。安田財閥の祖、安田善次郎は、一八八七年（明治二十年）、採掘場から標茶《しべちゃ》へ鉄道を敷き、標茶に最新の蒸気製錬施設を設けた。鉄道の敷設工事には、標茶にあった釧路集治監の囚人が使役され、突貫工事によりわずか八カ月で完成。製錬された硫黄は標茶から釧路川を船で河口まで運ばれ、釧路港から函館港を経て米国へ輸出された。硫黄製錬の熱源、鉄道や船の燃料

火山性ガスの中での硫黄採掘は危険な重労働だった（撮影＝北海道新聞社）

となる石炭の採掘も春採《はるとり》炭山（後の太平洋炭砿＝現・釧路コールマイン＝につながる）で始まった。

一八八八年（明治二十一年）にイギリス人技師Ｃ・Ｓ・メークが釧路港を調査したが、この時点では、釧路を近代港湾にする決め手に欠けていた。太平洋岸には、十勝への移住者の玄関となった大津や、江戸時代からの拠点である厚岸があったし、釧路がとりわけ築港に適した地形でもなかったからだ。しかし硫黄の輸出のため、一八九〇年（明治二十三年）に釧路港が特別輸出港になったことで、道東一円の木材や水産物を移出する港としての重要性が高まる。

一方、明治中期、北海道鉄道敷設法の公布にあたり、北海道の鉄道建設計画においては石炭の積み出し、開拓地からの農産物の輸送、開拓者の輸送など、本州とは異なる必要性が認識されていた。北海道庁長官・北垣国道《くにみち》は、拓殖事業の中で鉄道建設を最も急務とした。当時の内務大臣は北海道鉄道敷設の要件に「拓殖上、軍事上、交通上、運輸上最も必要な地方を先にすること」とし、道央から十勝中央を貫き厚岸に達する線路を第一に挙げている。こうして釧路は道東のゲートになっていく。

一八九八年（明治三十一年）、釧路線の起工地点を釧路と決めたのは田辺朔郎《さくろう》である。田辺は工部大学校卒業後、若くして琵琶湖疏水の大工事を担当。見事成功して東京帝国大学工科大学教授に就任し

絵葉書「躍進釧路港の殷盛」からはハイカラな釧路港の雰囲気がうかがえる。大正から昭和にかけて活躍した吉田初三郎が描いたもの（函館市中央図書館所蔵）

ていたが、北垣長官の要請で北海道の鉄道建設に携わることになった。

一八九六年（明治二十九年）には札幌―旭川―石北峠―網走―硫黄山―標茶―釧路―大津―広尾―浦河―勇払―札幌の大行程を一カ月で踏査し、上川線、天塩線、十勝線、釧路線の測量と建設を指揮した。離道後も、一九一六年（大正五年）、北海道の鉄道開通一千マイルを記念する北海道鉄道記念塔を自費で建設するため、釧路を再訪している。

一八九八年（明治三十一年）、釧路港と十勝を結ぶ鉄道の測量が始まったことで、釧路は近代港湾整備の切符を手にするのだ。大津にあった回漕店や雑貨商はこぞって釧路へ移転した。港があったから釧路を起点として鉄道が建設されたのだし、鉄道建設が決まったからこそ近代港湾としての整備が進んだ。ニワトリが先か、卵が先か。鉄道と港は、相乗効果で地域をけん引する存在だったことがわかる。

さらに釧路周辺では、春採炭山に続き、複数の炭鉱が開坑していった。鉄道と石炭の関係について釧路市立博物館学芸員の石川孝織さんはこう語る。

「『ヤマを買うならまず道を買え』という言葉があるように、重くてかさばる石炭を効率的に輸送することが経営の要諦だったのです」

北海道初の鉄道・幌内鉄道も、幌内炭鉱の石炭を小樽港に運ぶために開通した。日本遺産「炭鉄港」も、炭鉱―鉄道―港の連携が近代化の土台となったことを物語っている。

花咲線厚岸駅～糸魚沢駅間の別寒辺牛湿原を行くキハ54。厚岸霧多布昆布森国定公園は広さ41487ha。別寒辺牛湿原、霧多布湿原、厚岸湖や火散布沼の湖沼、海鳥の営巣地である海蝕崖、大黒島や嶮暮帰島の島々からなる

見渡す限りの原野を渡る風の中、キハ54が走る

花咲線落石駅近くの官行踏切（撮影＝石川孝織）

百年前、釧路から東へ

次に、鉄路は釧路から東へ延びた。一九二一年（大正十年）、根室に到達。石川さんは全国のＪＲ全線を踏破している鉄道ファンだが、高校時代、厚岸駅～糸魚沢《いといざわ》駅間で別寒辺牛《べかんべうし》湿原を車窓に見た時、全国の鉄路の中で最も衝撃を受けたという。そこはまさに冷涼な亜寒帯であることを突きつけられたからだ。エゾシカも頻繁に姿を現し、車窓がすなわちアドベンチャーワールド。

「地球探索鉄道」の名を冠する花咲線は非日常的な異空間なのだ。貴重な自然環境が認められ、厚岸道立自然公園から厚岸《あっけし》霧多布《きりたっぷ》昆布森国定公園となった。

酪農地帯の浜中町では簡易軌道の浜中町営軌道が牛乳の集荷に活躍した（1971年、撮影＝今野繁利）

花咲線沿線は、簡易軌道（戦前は殖民軌道）が大活躍した地域だという特徴もある。レールの幅が国鉄より狭く、建設コストが節約できる鉄道で、茶内《ちゃない》駅や厚床《あっとこ》駅はその起点となった。石川さんは「国鉄を動脈とすれば簡易軌道は毛細血管」と言う。

一九二七年（昭和二年）に設定された第二期北海道拓殖計画では、道東・道北中心に五百マイル（約八百五キロ）もの敷設が計画された。釧路市立博物館では二回にわたって簡易軌道展を開催し、文化遺産としての認識を広めた。その結果、大正末期から五十年間にわたり村営軌道があった鶴居村が中心となって簡易軌道を北海道遺産に申請し、見事選ばれた。また別海町は、旧国鉄標津線の旧奥行臼《おくゆきうす》駅や別海村営軌道、駅逓《えきてい》所のある地区を史跡公園とすることを発表した。簡易軌道は、かけがえのない地域文化遺産という新しいレールを走り始めている。

沿線で林業が盛んだったことを、意外なものが伝えている。「一九二十年（大正九年）開業の落石駅近くにある『官行踏切』は、国が官林（国有林）の木材生産・販売を行う事業『官行斫伐《しょくばつ》』に由来すると推測します。北海道で『官行斫伐』が始まったのは落石駅開業前年の一九一九年（大正八年）。この踏切の近くに国有林の伐採箇所があったことから命名されたのではないでしょうか。踏切の名はほとんど変更されませんから、いわば化石のような歴史の証言者なのです」と石川さん。

鉄路はその多くが明治から昭和初期に敷設された。当時は重機で大規模に地形を変えることはできなかったので、いかに地形を克服するかが重要だった。「よくぞこのルートを探り当てたなというくらい、測量からして匠の技術とロマンを感

1972年頃、釧網本線の原生花園駅～北浜駅間を行くC58けん引の混合列車（客車と貨車を連結した列車）。最後部に1両、貨車が連結されている。撮影者は当時の機関士で、写真は「ディスカバージャパン」記念きっぷにも採用された（撮影＝酒井豊隆、釧路市立博物館所蔵）

【左】昭和40年代中頃、釧網本線を行く国鉄一般気動車標準色のキハ22。背後は蛇行する釧路川（撮影＝酒井豊隆、小樽市総合博物館所蔵）【上】ノスタルジックな国鉄一般気動車標準色に塗装されたキハ40

じます。地形に沿うため遠回りやカーブが多いのは高速化や保守コストの面では不利ですが、景観は抜群。『くしろ湿原ノロッコ号』で実証済みのように、湿原の縁を走る釧網本線からは湿原感がたっぷり味わえます。並行する国道では感じられないですね。カーブひとつからも先人の工夫が読み取れて、車窓に見えるもの全てに意味があるんです」と石川さんは言う。

鉄路は地形に沿って

釧網本線は、湿原あり、火山あり、冬の流氷海岸ありの非常にバリエーション豊かな鉄路だ。一九三一年（昭和六年）九月二十日に全通した。

別保《べっぽ》駅（現・東釧路駅）～細岡駅間は釧路川左岸の狭い地質の軟

釧路湿原のまっただなかを走る「くしろ湿原ノロッコ号」

弱な地帯を進む。大きなカーブが続くのは、春の融雪で釧路川の水位が高くなるため、努めて山すそをたどっているためである。

細岡駅～塘路《とうろ》駅間はまさに釧路湿原のまっただなか。大きく蛇行する釧路川にぴったり寄り添う場所では水面の風と一体になるようだ。

塘路駅～標茶駅間は達古武《たっこぶ》湖、塘路湖、シラルトロ沼の間を縫う沼沢地。地質が軟弱で困難な工事だったが一年半で竣工した。こうして釧路～標茶間が結ばれたのは一九二七年。標茶駅～弟子屈駅（現・摩周駅）間のうち十六・八キロが、明治時代に硫黄運搬のために敷かれた釧路鉄道の線路跡を活用している。

弟子屈駅～川湯駅間は、途中に美留和《びるわ》山の近くに美留和駅を設け

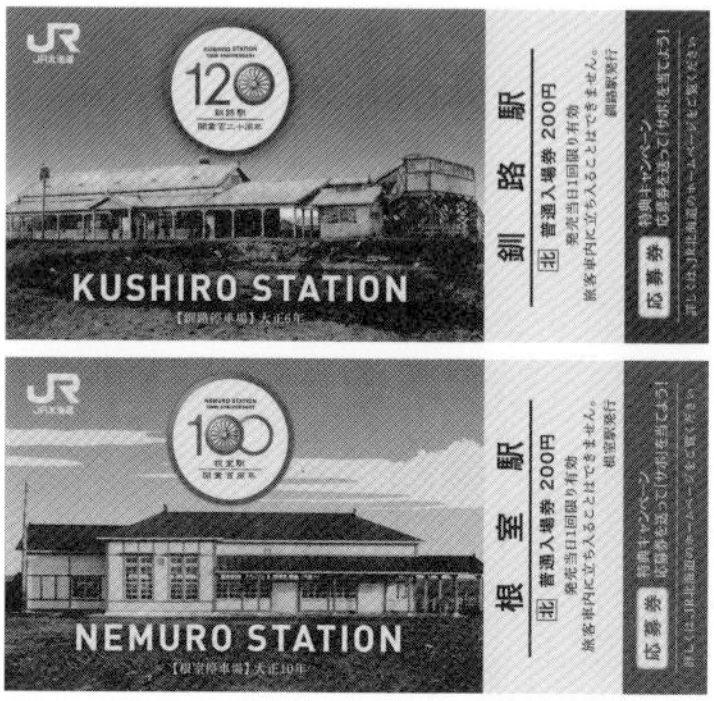

釧路駅と根室駅で発売された開業記念入場券

美留和駅開業90周年を記念し、駅舎（正面側）が美留和郵便局の小型印に

１９６９年、機関車を写生する釧路市立駒場小学校の子どもたち。同校は２００７年に統合され閉校となった（撮影＝酒井豊隆、釧路市立博物館所蔵）

て一九三〇年（昭和五年）に竣工。網走側では札鶴《さっつる》駅（現・札弦《さっつる》駅）〜釧北《せんぽく》トンネル入り口の区間は急峻かつ架橋が多い難工事だった。

トンネルは当時の北見国と釧路国の国境である。釧網本線開通によって、釧路—（釧網本線）—網走—（石北本線）—野付牛《のつけうし》（現・北見）—（池《ち》北《ほく》線）—池田—（根室本線）—釧路という四百六十六・三キロの環状線が形成された。そして釧路駅—網走駅間は約三百キロから約百三十キロも大幅短縮。「日高山脈以東、道東一円からものが釧路に集まってくるネットワークの完成でもありました」

阿寒国立公園（現・阿寒摩周国立公園）指定にも貢献した。大正末期の地図には釧路からの尾根道しかないが、開通したばかりの釧

美留和駅を通過した「ザ・ロイヤルエクスプレス」の回送列車を見送る地域の皆さん（撮影＝穂積規）

網本線が、視察に来る委員の足となったのだ。当時の新聞記事には「委員らは弟子屈（現・摩周）近くになるや雄《お》阿《あ》寒《かん》の秀峰が七八合目から下を現はし『アレだアレだ』と一斉に眼を向ける。美留和を過ぎると両側の原生林が濃緑をたたへ眼も覚むるばかりだ」とある。阿寒国立公園は、一九三四年（昭和九年）十二月、晴れて国立公園一期生になった。

美留和小学校の子どもたちと地域の皆さんによって塗装された美留和駅舎（ホーム側）と花壇（撮影＝前田航太）

記事に「原生林」とあるように、美留和は大正中期から木材生産で隆盛した。釧網本線開通前は釧路川を流す「流送」で搬出していたが、開通後は毎日、貨車十五台分もの木材が積み出されたという。

美留和自治会はそんな歴史を地域のアイデンティティとしている。駅舎は美留和小学校の児童らの手によって過去二回、楽しい絵柄で塗装され、清掃と花壇整備のボランティア活動は二十三年も続けられている。

自然の地形に寄り添い、知恵と工夫で開いた鉄路。二〇二一年には釧路駅が開業百二十周年、根室駅が開業百周年を迎えた。釧路の鉄路は、歴史と自然景観を背負って今日も走り続けている。

2009年8月号掲載

Story 10

ハッカの絆

――北見・ピアソン記念館、交錯する人間群像

見返り求めぬ心

地球上に数十万種類もあるとされる植物の中で、葉や茎から抽出した油が結晶になるのは、知られている限りたった二種類。樟《くすのき》とハッカだけだ。樟の結晶は衣類の防虫剤でおなじみのショウ脳である。

ハッカの葉から抽出されたハッカ油は十度以下で結晶になり、その結晶がハッカ脳（メントール）だ。メントールには、炎症を和らげ、皮膚を保護し、虫や臭いを防ぐなど

ハッカ脳（メントール）。採脳缶という特殊な装置を使い、条件を整えると、約2週間で結晶化する。結晶の断面は六角形で、安定した六方結晶として水晶同様に上へ伸びていく。長さは濃度と装置の大きさに規定される。ハッカ記念館に展示

さまざまな効力があるが、メントールを高濃度で含有する和種ハッカの油からしか結晶はできない。そこで明治時代以来、欧米諸国が日本にハッカを求めた結果、一九三九年（昭和十四年）には、日本のハッカが世界市場の七割を占めるに至った。

当時、全国の作付面積の八割以上が北見。まさしく北見のハッカが世界を席巻したのだった。しかし、一九六一年（昭和三十六年）頃に合成メントールが増産されるようになってからは価格で太刀打ちできず、徐々に衰退の運命をたどった。

さて、このハッカが北見に根付き、世界規模で存在感を高めていった時代に、北見を人生最後の布教の地に選んだ宣教師がいた。米国人ジョージ・P・ピアソンと妻アイダ・G・ピアソンだ。夫妻は来道後、小樽と札幌で草創期の北海道の女子教育にも携わり、夫人は札幌農学校で有島武郎らにドイツ語聖書講読の講義を行っている。旭川では、坂本龍馬の甥《おい》の坂本直寛《なおひろ》牧師らと協力して廃娼《はいしょう》運動や監獄での伝道に尽力した。

そして道東、道北の伝道の拠点を北見に定めたのが、一九一四年（大正三年）から二八年（昭和三年）までの十五年間であった。その住まいはピアソン記念館として保存され、NPO法人ピアソン会が管理にあたっている。元理事で元事務局長の樋口和夫さんは、夫妻が北見を選んだ理由をこう語る。

「坂本直寛との出会いが一因でしょう。直寛はキリスト教をもと

1914年（大正3年）建築のピアソン記念館。設計者ヴォーリズの訪問は1915年と50年の2度だったことがピアソン会の調査などから明らかになっている。ピアソン夫妻との接点は、在日キリスト教団体の交流誌と、宣教師の避暑地だった夏の軽井沢。天皇皇后両陛下の出会いの場となった軽井沢会テニスコート・クラブハウスも設計した

に農民の自治による民主的な農村を築こうと北光社を組織し、土佐から約六百人を率いて北見に入植、後に牧師となった人です。直寛は旭川でピアソンとともに伝道しながら、北見の原野でキリスト教徒が苦労していることを伝えたのだと思います」

そう言いながら、意外なものを見せてくれた。「三十三歳で暗殺された龍馬が、死の数日前に書いた手紙の複写です。蝦夷地へ渡る船の手配がうまくいかず残念だと書いています。龍馬は北海道で新しい国を作りたかったが、果たせなかった。直寛はその遺志を受け継いだように思えてなりません」

夫妻は、見返りを求めない精神で社会奉仕活動を行った。市街に

ジョージ・P・ピアソン（左・1861〜1939）、妻のアイダ・G・ピアソン（1862〜1937）。ピアソンはニュージャージー州出身でプリンストン大学で神学を学び、宣教師として来日していた夫人と東京で結婚した

NPO法人ピアソン会は横浜や米国に赴いて資料を発掘、ピアソンが米国に送った報告書を翻訳し『日本北海道明治四十一年』を出版するなどピアソン夫妻の足跡も明らかにしてきた

遠軽を訪れたピアソン夫妻。伝道日記『六月の北見路』には、餞別に「自分たちの農場で蒸留して造った貴重なはっか油のびん」をもらった記述も。後方に遠軽のシンボル、瞰望岩が見える

札幌農学校でドイツ語聖書講読の講義を行うピアソン夫人。左から森本厚吉、有島武郎、星野勇三

遊郭を作る動きが出た時にはリーダーとして阻止に奔走し、多くの女性を救った。旧制野付牛《のつけうし》中学校（現・北見北斗高校）の開校にあたっては、下宿先もままならない開拓地の不便を慮り、無償の寮を建てて学校に提供した。親元を離れた生徒たちにとって、夫妻は慈愛に満ちた祖父母のような存在だったろう。

設計者の謎が明らかに

筆者はキリスト教徒ではないので、宗教的な使命感を理解するのは難しい。けれども記念館にたたずんでいると、五十坪余りの楚々とした建物で営まれた暮らしの手触りがゆっくりと心に染み込んでくるのを感じる。それは財産や地位とは無縁の、しかし大きく温かな充

設計者の謎解きはドラマチックだった。鳥取県の洋館巡り愛好家がピアソン邸を訪れ、写真を大阪芸術大学教授山形政昭氏に送って判明した。「"THREE OAKS" FOR G·P·PIERSON」という記載と、建設当時から昭和20年代まで周囲にあった3本の柏の大木とが一致した

記念館では、夫妻の遺品である1878年メイソンハムリン社製のオルガンの演奏会も催している。記念館は2001年、北海道遺産の認証を受けた

ピアソン氏は、難解な文語体で書かれた聖書に注釈をつけて出版するという宗教者としての偉業も、北見で成し遂げた

1910年オホーツク海沿岸の伝道日記『六月の北見路』

ピアソン記念館

北見市幸町7-4-28　☎0157-23-2546。9:30〜16:30、月曜（祝日の場合は開館）、祝日の翌日休館（ただし金・土曜日が祝日の場合、当日・翌日とも開館）、入館無料

足感に満たされた日々ではなかったか。そして質素で堅実、風通しがよく、のびのびとした洋風の生活スタイルは、知らず知らずのうちに人々に新しい感性、価値観をもたらしたに違いない。

ところが、建物の設計者は八十年以上もの間、謎だった。建築を「キリスト教精神の表現」ととらえ、日本国内に千棟もの美しい建築物を残したウィリアム・M・ヴォーリズだとわかったのは一九九五年のことである。

ヴォーリズは一九〇五年(明治三十八年)に米国から来日し、滋賀県近江八幡市の県立商業学校に英語教師として赴任した。放課後には熱心なキリスト教伝道活動を行い、生徒にも慕われたが、自粛を求められたため離職。しかし近江八幡にとどまり、自らの活動を近江ミッション(後の近江兄弟社)と呼んで、伝道と医療・教育事業を展開していった。その資金源を担ったのが、建築設計と家庭常備薬メンソレータムの製造販売だ。

メンソレータムは、米国の実業家・A・A・ハイド氏がハッカを使って

夫妻が「みかしわの森」と呼び愛した3本の柏のうち、1本は今も邸を守っている

開発した塗り薬だ。ハイド氏はヴォーリズに「日本から輸入したハッカで作った薬だから、日本での君の伝道に役立てなさい」と製造販売を許可したという。

『青い目の近江商人メレル・ヴォーリズ』（岩原侑著、文芸社）には「ベタベタした石油膏（ペトロレータム＝現在のワセリン）をベースに刺激の強いハッカ（メントール）などを混合したメンソレータムという医薬品なんぞは、それまでの日本の薬剤常識からは外れた代物だったらしい」とあるが、ヴォーリズの活動を支えた教会の婦人会などを通して家庭に浸透。すり傷、切り傷、しもやけなどへの効能が知られるにつれ、戦時中は慰問袋に入れられるほどに。一九五四年（昭和二十九

北海道におけるヴォーリズ建築は、設計リストでは16件あるが、現存するのは1935年建築の遺愛学院講堂（函館市＝写真）とピアソン記念館のみ。いすの背もたれが、さざ波のようなやさしいシルエットで生徒を包む。国の登録有形文化財

年）までに一千万個以上が売れた。

建築設計は、住宅から学校、病院、デパートと多岐に及ぶ。住まいは家族の健康と憩いのため、学び舎は学生の美意識を磨くため、高い理想と優しい心の通った建物を次々と世に送り出した。

ヴォーリズはこれらの事業による富を、伝道と、慈善事業としての学校や病院経営につぎ込む。そして生涯、私有財産を持たなかった。

イギリスの歴史家トインビーいわく、「十九世紀初頭における海外進出のアメリカ人は外交官でもなく領事でもなく、実業人でもなかった。彼らはキリスト教伝道者だったのである。私欲のない使命に献身するために自国で財産をきずきあげる機会を放棄した男女であった」。時代は下って、ピアソン夫妻もヴォーリズも、まさしくこの系譜の上を生きた人々だろう。

ヴォーリズは、妻の一柳《ひとつやなぎ》姓と「米国から来て留まる」の思いを込め一柳米来留《メレル》と名乗り、帰化している。

一方、北見では、ピアソン夫妻帰国後、第二次世界大戦が近づく中で、米国人が設計・居住したとい

ウィリアム・メレル・ヴォーリズ（１８８０〜１９６４）米国カンザス州生まれ。建築学を志すうち海外伝道に目覚め、コロラド・カレッジで哲学を学んだ。近江兄弟社設立者（写真提供＝財団法人近江兄弟社）

1929年建築の関西学院大学・西宮上ケ原キャンパス時計台は、清新で品格あふれるヴォーリズ建築の代表作だ。国の登録有形文化財（写真提供＝関西学院大学）

う理由から、ピアソン邸は取り壊しの危機に見舞われる。そこで立ち上がったのが、北見の産婦人科開業医、唐笠学《とうがさまなぶ》だ。唐笠は一九三九年（昭和十四年）、ピアソン邸を買い取って住みついた。剣道七段にして俳人。自作の句「太幹《たいかん》を　駈けのぼりつつ　吹雪かな」の「太幹」とは、ピアソン夫妻が愛した柏の巨木のことだろうか。自ら楯となって邸を守った唐笠の人物像にも重なるようだ。最北のヴォーリズ建築は、こうして守られたのである。

悲願だった自前の工場

話をハッカに戻そう。北見ハッカの歴史が学べるハッカ記念館は、ホクレン北見薄荷《はっか》工場事務所を改装したものだ。それにしても、もとは暖地の草であるハッカが北見に集中したのはなぜなのだろう。岡山県では北見の八十年以上も前から栽培されていたというのに。館長の阿部勝義さんはこう語る。

「北見で栽培が始まったのは明治三十年。入植者にとって、豆や穀物の六～十倍という価格の高さは大きな魅力でした。一斗缶（十八リットル）一個で家族が一年暮らせたといわれています。嵩《かさ》が小さいので、交通の便が悪い開拓地でも輸送コストが安く済みました。一方でハッカは、世界相場で価格が上下するリスクの高い作物。暖かい地方は他の安定した作物に転換できたのですが、寒冷地の北見はハッカにしがみつくしかなかったんですよ」

1934～83年まで操業したホクレン北見薄荷工場の事務所・研究室を改装したハッカ記念館では製造工程などを展示。建物の装飾に往時の面影が漂う

北見ハッカ記念館・薄荷蒸溜館

北見市南仲町1-7-28　☎0157-23-6200。9:00～17:00（11～4月は9:30～16:30）。月曜、祝日の翌日休館、入館無料

そんな農民の悲願は、仲買人に安く買い叩かれないよう自分たちの蒸溜《じょうりゅう》工場を持つこと。それがホクレン北見薄荷工場だったのである。

記念館に隣り合う薄荷蒸溜館・施設長の佐藤敏秋さんから「乾燥したハッカ草一キロから採れる油はわずか二十グラム。油は植物が花を咲かせるためのエネルギーとして蓄えたものなのです」と聞くや、黄金色に輝くハッカ油がとてもいとおしく思えてきた。油は植物が次代へ種を引き継ぐために自らの生命力を凝縮したもの。なるほど、薬効が高いはずである。

北見のハッカ脳の主な輸出先は米国だった。その米国で、ハッカ脳から家庭薬が生まれ、ヴォーリズはその販売の利益を日本での伝道と奉仕に費やした。ピアソン夫妻はヴォーリズ設計の家に住み、北見の人々の心を温かく照らした。高潔な志を秘めたハッカの絆。それは、はるか海を越え、北見でつながっている。

ハッカ記念館館長の阿部勝義さん。「北の小さな工場から世界の7割ものハッカが出荷された歴史を伝えていきたい」と語る

薄荷蒸溜館でハッカ草から油が抽出される過程を解説する施設長の佐藤敏秋さん。館内はさわやかな香りでいっぱい。植物から油が採れ、結晶になるとは、まさに錬金術だ。毎日、蒸留の後片付けが始まる14:30頃から30分間が作業工程をよく観察できる

ハッカ脳ができるまで

❶ 花が三分咲きになる8月下旬～9月に収穫する

▼

❷ 乾燥により生葉の3～4倍の量が一度に蒸せる

▼

❸ 蒸すことで高温の蒸気が葉の中を通り抜け、葉の油と結合

▼

❹ 油を含んだ蒸気からは芳香が立ち昇る

❺ 蒸し滓《かす》は湿らず乾いているのが特徴。甘みと香りがあり飼料や肥料になる

▼

❻ 蒸気は冷えて水滴になり、水と油の比重の違いによって分離する

▼

❼ 特殊な装置を用いて条件を整えると約2週間で結晶化する

2008年6月号掲載

Story 11

命つないだ熱いコーヒー

──宗谷サムライ物語

刀の鍔は何を見た？

堅く鍛錬された強靭な鋼でできた刀の鍔《つば》。浮かび上がる桐鳳凰の文様には風格ある金銀の象嵌《ぞうがん》が施され、持ち主が重大な使命を帯びた者であったことを物語っている。

これは一八〇八年（文化五年）、樺太、宗谷、利尻島の警護に派遣された会津藩士千六百余名の指揮官、内藤源助が残したものと伝えられ、稚内市有形文化財として北方記念館に展示されている。会津

図柄は桐鳳凰、片切彫り縦7.5cm、横6.8cm、厚さ0.4cm。（財）日本美術刀剣保存会の認定書がつけられ美術品としても価値が高い。横谷宗珉は鳥獣・花鳥の図柄を得意とした。旧宗谷村助役を通して稚内市の故佐藤虎雄氏宅に伝えられてきたが、1968年に市に寄贈された（『稚内の文化財 総合編』より）

稚内市北方記念館

稚内市ヤムワッカナイ　☎0162-24-4019。9:00～17:00、月曜休館（祝日の場合は翌日休館）、6月1日～9月30日は無休で21:00まで開館、11月～4月下旬は休館。一般400円、小中学生200円

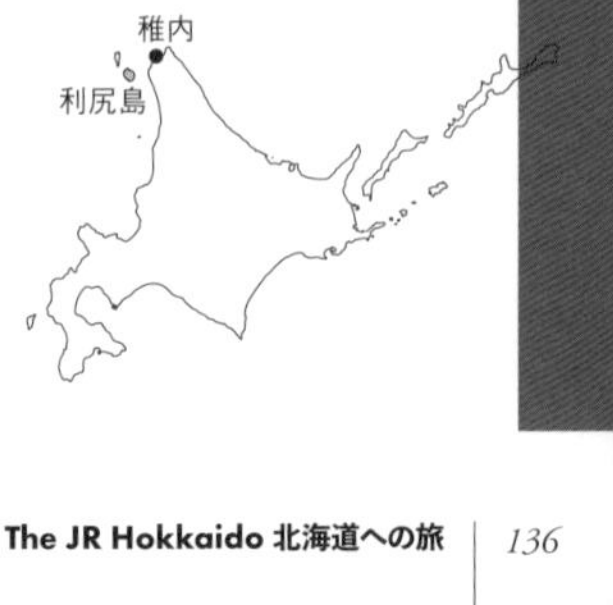

藩士の北方警備から二百年。錣は何を見てきたのだろうか。

北方警備のきっかけとなったロシアの狼藉《ろうぜき》は相当なものだった。江戸時代末期、勢力拡大にしのぎを削る西欧列強の中で、シベリアに侵出した帝政ロシアは日本との通商を執拗に迫ってきた。しかし当時の日本は断固たる鎖国体制で、応じることはできない。業を煮やしたロシアは武力行使に出る。

一八〇六年（文化三年）、露米商会会員のフォストフによる樺太での掠奪事件を皮切りに、会所や番屋、倉庫に放火し、捕虜を取り、商船から米五百俵、塩三十俵を、松前藩船からは大砲や地図を奪った挙げ句、焼き討ちにした。そこで幕府は翌一八〇七年、西蝦夷地直轄

（上）オタトマリ沼から見た標高1721mの秀峰・利尻山。6月初旬撮影（写真提供＝松井久幸）
（下）豆を吟味し自家焙煎にこだわる稚内珈琲店のコーヒー

を決め、寒さに強かろうという理由で本州最北端の津軽藩士を派遣した。しかしその後ロシアの侵攻はなく、別の大きな脅威が藩士たちに牙を剥いたのだった。

急遽派遣された津軽藩の装備は惨憺たるものだった。にわか作りの陣屋は板の間に薄縁《うすべり》や筵《むしろ》を敷いただけ。雨戸を閉めても猛烈な寒気に襲われた。着替えを用意してきた者はなく、越冬が決まってから松前や箱館に布団を注文したが、五十組のうち二十三組しか調達できなかった。

米や味噌に不足はなかったが、野菜を貯えるには時期が遅すぎたことが運命を決める。深刻なビタミン不足から、脚気の一種である「水腫病《すいしゅ》」が蔓延。顔がむくみ、太鼓のように膨らんだ腹を抱え、悶絶しながら死んでいく病で、宗谷詰二百余人のほとんどが罹患した。同年、斜里で越冬した津軽藩兵は、百人のうち実に七十二人が死亡している。

「御役人より生根二十本、腫病ノ養生トテ贈ラレ、用イテ験アルコト奇ナリ。朝鮮人参ノ如ク貴ベリ」。大根を朝鮮人参のごとくありがたがったというのだ。いかに野菜に飢えていたかがわかる。

そしてこの悲惨な越冬の翌年に派遣されたのが、内藤らが率いる会津藩だった。幕府からの達しには「其方家之儀武威においては従来格別の趣」とあり、これには将軍家への忠誠心が厚く、常に他藩に武威をアピールしていた会津藩の藩風が大きく関わっている。

稚内市宗谷地区には津軽、会津、秋田藩から派遣されたサムライたちの墓が13基、ひっそりとたたずんでいる（写真提供＝利尻町立博物館）

会津の心を利尻にたどる

　会津藩派遣軍は、正月に会津若松を発ち、真冬の東北を陸路で縦断。津軽半島から海峡を渡って松前に全軍が結集したのが四月。二百六十六人を松前に置き、四月十七日には内藤、梶原平馬が六百二十二人を率いて宗谷（現・稚内市宗谷地区）到達。梶原はここから二百五十二人を率いて利尻島へ渡った。最前線の樺太へは、北原采女《うねめ》らが七百四十五人を率いて向かった。

　利尻島ではウエンヒタとポンモシリの二カ所に遠見番所が置かれ、昼夜なく監視が行われた。当時の状況を、利尻町立博物館の西谷栄治さんは次のように説明する。

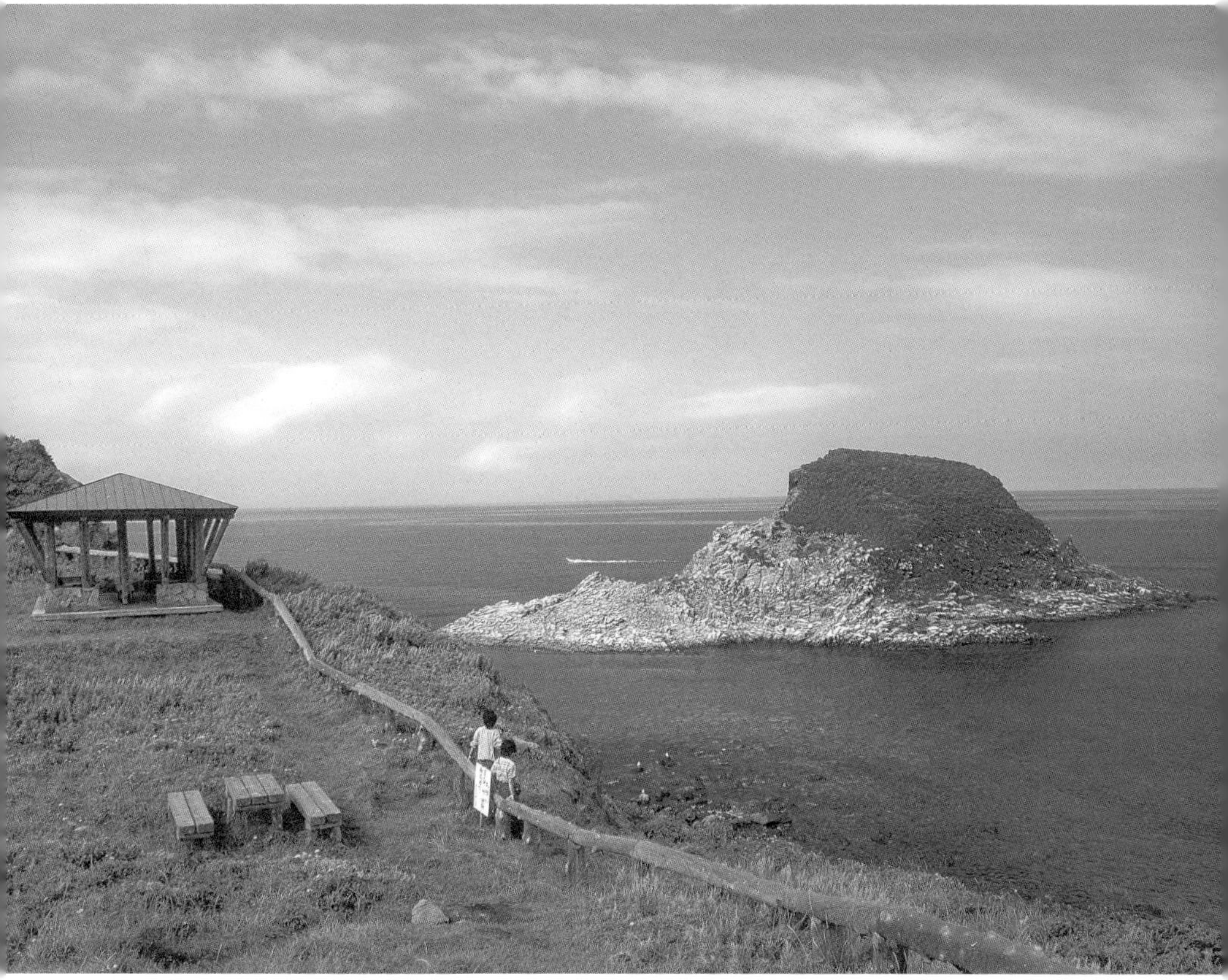

会津藩士が遠見番所を置いた利尻島の小島、ポンモシリ島。200年前、紺碧の夏の海を凝視するサムライたちがここにいた（写真提供＝松井久幸）

「島の中枢に当たるウエンヒタは当然としても、船がなければ渡れない不便なポンモシリがなぜ選ばれたのか。目と鼻の先に、より眺望のいい岬もあるのに。考えてみると、いつ襲ってくるかわからない敵を監視する際、自らの身を隠すのに、ポンモシリならちょっと回り込めば視線を遮ることができる点が大きかったからだと思われます。そんなことからも、島を守るのだという必死の思いが伝わってきますね」

利尻島駐在は二カ月ほどだったが、島内には会津藩士の墓が八基建てられている。「墓石は故郷の会津磐梯山から運ばれたと伝えられていましたが、資料鑑定や文献研究によって、磐梯山にはない安山岩の一種で、新潟で調達して北前船で運んだという意外な事実が明らかになりました。しかも一度埋葬した後、墓石が届くや墓を作り直しているんです」（西谷さん）。大規模な流通ネットワークの存在と、異郷で命を落とした同志を悼む気持ちが見えてくる。

そもそも会津藩はこの任務に並々ならぬ熱意を示していたらしい。徳川家に対する忠義心が強いところにロシアの脅威である。財政窮乏で及び腰の他藩を尻目に、四カ月前から得意の軍事訓練を強化

樺太警備は命がけの海の旅を伴った（『唐太嶼奇覧』＝函館市中央図書館所蔵＝から）

し、足軽の鉄砲演習、炊き出し練習まで行った。任地も、最も楽な松前を嫌い、皆が最前線の樺太を希望したというから大したものだ。サムライたちの北方警備は、原田康子の小説『風の砦』で珠玉の愛の物語として描かれもした。

北海道開拓記念館の笹木義友さんはこう分析する。

「背景にあるのはロシア側の補給問題です。ウラル山脈を越えて極東へ来たはいいけれど、ヨーロッパからでは長大な補給路が必要となります。その補給先として日本に目をつけたのです。レザノフを派遣して交渉させたが、日本はがんとして応じなかった。そこでロシアの力を見せつけて日本を覚醒させようと考えたのではないでしょうか」

運上屋があり早くから開けていた利尻島本泊のウエンヒタにも、遠見番所が置かれた（写真提供＝松井久幸）

「湿邪を払う」コーヒー

しかし本当の脅威はロシアではなく水腫病だったことは前述した通りだ。その予防薬として、一八五四年（安政元年）から五九年にかけて幕府からコーヒーが配給された。

「和蘭コーヒー豆、寒気をふせぎ湿邪を払う。黒くなるまでよく煎り、細かくたらりとなるまでつき砕き二さじ程を麻の袋に入れ、熱い湯で番茶のような色にふり出し、土瓶に入れて置き、冷めたようならよく温め、砂糖を入れて用いるべし」（『稚内市史』より）

日本の歴史にコーヒーが登場したのが一七二四年（享保九年）。蘭学医が水腫病への効能を発見したのが一八〇二年（享和二年）とされているから、最初の越冬の前から薬効は知られていたわけだが、藩士には届かなかった。

藩士の墓に並んで「津軽藩兵詰合の記念碑」がある。これはコーヒーが飲めずに亡くなった藩士、薬として大切に飲んだであろう藩士への畏敬の念を込めて、津軽藩士の故郷青森県内のコーヒー愛好家が建立したもの。なんとコーヒー豆の形をしている。

現在、コーヒーには水溶性ビタミンのナイアシンや必須ミネラルのカリウムなどが含まれていることがわかっている。野菜不足を補う効果は高かっただろう。稚内市教育委員会の内山真澄さんいわく、「コーヒーは長崎に持ち込まれ広まったのでしょうが、ふつうの武士階級が飲ん

利尻島ペシ岬に建つ会津藩士の墓。任務終了後に台風で遭難し、利尻島に漂着した樺太隊のサムライもここに眠っている

利尻島沓形には会津藩士顕彰碑と2基の墓が荘厳な利尻山に抱かれるように建っている。題辞は会津松平13代松平保定氏（写真提供＝利尻町立博物館）

だという点で、宗谷は日本初か、少なくともトップグループには入っていたと思います。藩士たちには、アイヌの人々が蓄積していた越冬の知恵や技術は皆無でした。しかし一方で、同時代の間宮林蔵や松浦武四郎といった個々の探検家は生き抜いています。つまり、どれだけ自分で生きる手当てができたかが生死を分けた。私には、集団で画一的に管理されたために個人の知恵が生かせなかった悲劇とも思えるのです」。

宗谷で味わう至福の一杯

当時藩士が飲んだとされるコーヒーを文献から再現したのが、稚内珈琲店（現在は閉店）の加藤敏彦さんだ。

稚内珈琲店の加藤敏彦さんは少年時代からのコーヒーマニア。新聞配達をして焙煎機やサイフォンを買い、家族や友人にふるまっていた

「テレビ番組の取材で、鉄鍋を使って焙煎してみたのです。その後、その精神を生かして作ったのが『煎豆湯』というブレンドです」

早速いただくと、芳香がふわっと鼻腔をくすぐり、苦味も酸味もほど良い。加藤さんいわく、「コーヒーは生き物ですから、その日の温度湿度によって焼き具合を変えています。味を決める割合は焙煎八、たて方二。焙煎では刻々と豆が変化し、一秒も油断できないんですよ」。

利尻島にも味わってみたいコーヒーがある。利尻山から湧き出る名水・甘露泉水でコーヒーを入れ、宿泊客を喜ばせているのがペンション「群林風」の黒川健一、恵子夫妻だ（現在は水道水を使用）。「甘露泉水は日本百名水のひと

利尻山3合目（車で10分）から徒歩15分の甘露泉水。夏場は時間によっては列ができるほどの人気だ

つ。年間通して水温が七度以下で一定していて、岩の隙間から流れ出ています。三十年もかけて火山岩にろ過されているので、雑味がなくすっと体に入ってくる。そんな水に合わせて、豆はクリスタルマウンテンを選んでいます」

鴛泊《おしどまり》港のシンボル、ペシ岬で写真家の松井久幸さんが営むギャラリー&喫茶「サンセット・ドリーム」（現在は閉店）は、夕日とともにコーヒーを味わえる場所だ。

「島の牧場でアルバイトをするうち、島の人々に惚れこみ、この人々を撮りたいと移住した」と話す松井さんは一九七〇年代前半に旅人としてやって来た。豆は深煎りのブラジルサントスとモカを半々にブレンドしたオリジナル。窓外にはペシ岬海岸が広がる。水中で黒い帯のような利尻昆布がゆらゆら揺れていた。

一杯のコーヒーから立ち上るのは、北辺の歴史の香りだ。宗谷は、閉じた日本の北辺であったがゆえに、世界に接していたのだ。コーヒーと小さな墓石は、人の運命のさまざまを語りかけてくる。

長年、利尻の風景を撮り続ける
写真家・松井久幸さん

ペンション群林風のオーナー黒川健一・恵子夫妻。「会津からのお客様の中には藩士の墓を訪ね、線香を上げてこられる方もいます。郷土の歴史への思いに感激します」と健一さん

ペンション群林風（ぐりーんういんど）
利尻郡利尻富士町鴛泊字栄町　☎0163-82-1888（冬期は休業）

Story 12

川を究めた武四郎
―いにしえの〝リバー・クルーズ〟

音威子府村の筬島駅近くにある「北海道命名之地」碑（2011年、地元産トドマツで再建立。写真提供＝北海道開発局旭川開発建設部）

下り宗谷本線・筬島駅の先に

天塩川は北海道で唯一の〝北上する大河〟だ。だから稚内へ向かうJR宗谷本線は、天塩川に付いたり離れたりしながら共に北を目指す。とりわけ筬島《おさしま》駅と佐久駅の間は、天塩山地を横断すべく流路を探しつつくねくねと流れる川を、高い位置から空中遊覧のように楽しめる。

しかし、のんびりしてはいられな

簗（やな・魚を獲る仕掛け）をかけたように岩が並ぶ天塩川。美深町の「六郷テツシ」（写真提供＝北海道開発局旭川開発建設部）

い。筬島駅からすぐ、大きく屈曲する天塩川の対岸に「北海道命名之地」碑が見えるからだ。

宗谷本線側から頓別坊川という小さな川が天塩川に流れ込んでおり、列車は頓別坊川にかかる鉄橋を疾走する。碑が見えるのはその直後。一瞬で通り過ぎるので、筬島駅を過ぎたら車窓に目を凝らしていただきたい。

武四郎は、まさにこのトンベツホでアイヌの古老から聞いた話として『天塩日誌』にこう記した。

「アイヌを樺太や天塩では『カイナー』と呼ぶ理由を尋ねたところ、『カイ』とはこの国に生まれた者という意味で『ナ』は敬称である。和人の言葉になじんだ地域では『アイノ（ヌ）』へ変化したが、和人と

ノンフィクション作家の合田さん。北海道新聞社の記者時代から武四郎に惹かれていたそうだ

北海道の名付け親、松浦武四郎(1818～88、写真提供＝松浦武四郎記念館)

の接触が少ない地域では昔のままの呼称が残っている」

　これが「蝦夷地」に代わる「北加伊道」を提案した理由だとされている。他の候補は、日高見《ひたかみ》道、海北道、海島道、東北道、千島道だった。政府には、古代の律令制に基づく五畿七道（東海道、山陽道など）の名称を当てはめることで蝦夷地を日本国に組み入れる意図があった。

　当地を訪れたのは旧暦六月十二日（往路）と二十五日（復路）。新暦でいえば八月はじめ頃だ。夏、筬島駅の先で車窓に広がる景観は、武四郎が見たものに近い。

　武四郎とはどんな人物なのだろうか。一八一八年（文化十五年）、伊勢国須川村（現・三重県松阪市小野江町）で郷士の四男に生まれた。だから武四郎である。幼い頃から好奇心旺盛、知的な少年だったが、『論語』を学び教養を深め、江戸や京はもちろんのこと、「唐、天竺までも自分の目で見てみたい」と十六歳で家出する。二十五歳の時、情報が集積する長崎で、蝦夷地にロシアの勢力が南下していることを知る。そして一八四五年（弘化二年）、二十八歳で足を踏み入れて以来、計六回も蝦夷地を踏査した。前半三回は私人として、蝦夷地の自然、アイヌの暮らし、松前藩による支配の実態などを調べ、出版物を通して江戸で評判になった。

　武四郎の蝦夷地踏査を追った『松浦武四郎　北の大地に立つ』（北海道出版企画センター）の著者、合田一道さんはこう語る。

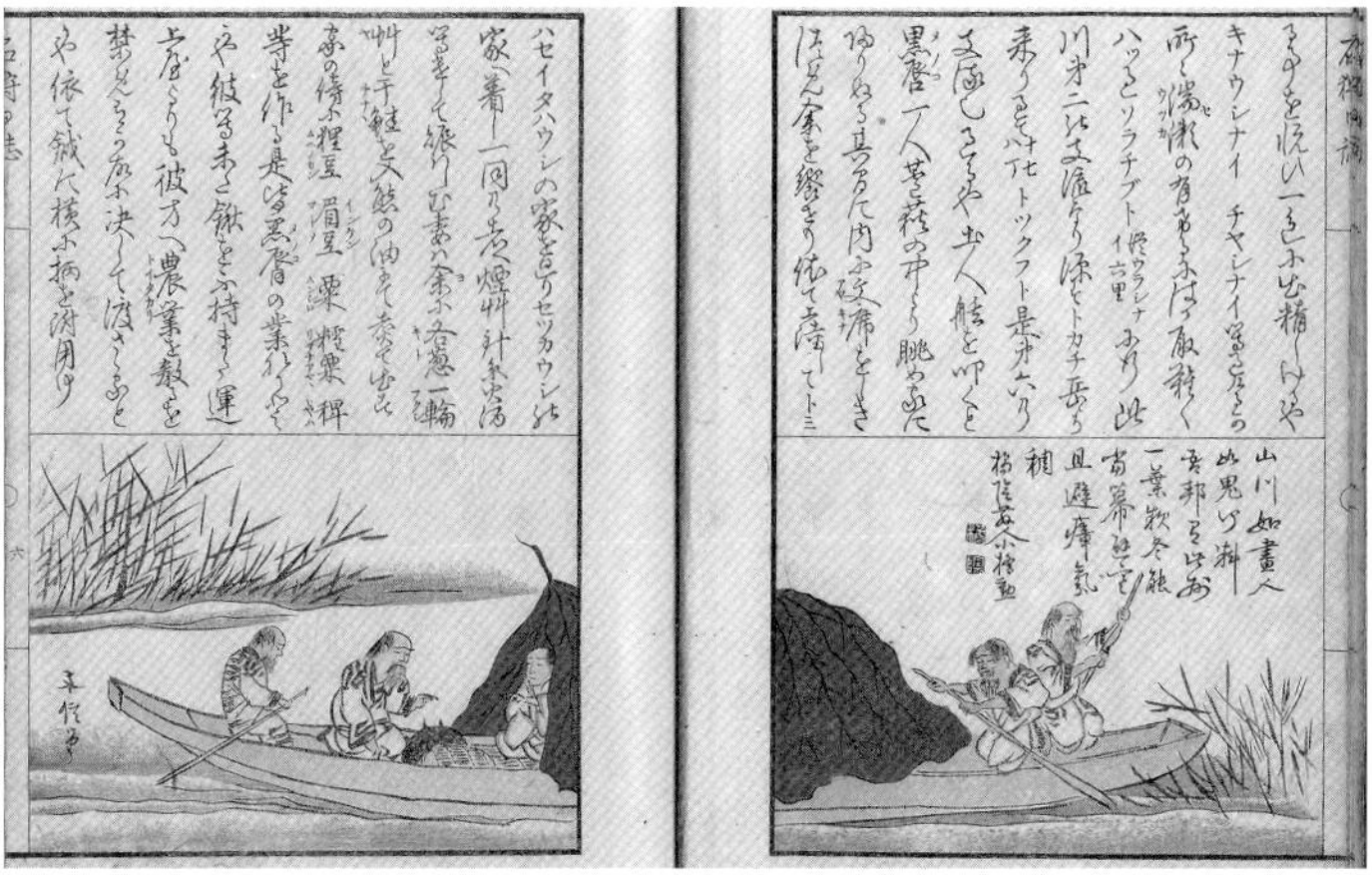

アイヌの人々に案内と漕ぎ手を任せ、フキの葉をかぶって石狩川を遡る武四郎。『丁巳（ていし）石狩日誌』から（札幌市中央図書館所蔵）

「武四郎がとにもかくにも自力で蝦夷地を目指したのは、北辺を調査してその危機を明らかにし、対策を立てる。そして開拓を急ぎ、防備を固めなければならないと思ったからです。胸に熱いものがたぎり立ったのでしょう」

激動の時代を生きる

武四郎が三回の踏査を終えたのと時を同じくして、疾風怒濤の時代が始まる。一八五三年（嘉永六年）、浦賀にペリーが来航し、翌年、日米和親条約が締結される。そしてペリーは箱館へ来航、欧米列強の外圧が待ったなしで押し寄せてきたのだ。

国境・蝦夷地の重要性が浮かび上がる。幕府は、押しも押されもせぬ蝦夷地通になっていた武四郎に蝦夷地御用御雇入を命じ、武四郎は一八五六年（安政三年）、五七年、五八年、踏査に向かった。

石狩川と天塩川を調べたのは五七年（安政四年）のこと。石狩川の河口から愛別まで遡り、支流の忠別川上流部まで踏み込んだ。天塩川は支流の名寄川にも入り、士別市上士別町にまで至った。

『「東西蝦夷山川地理取調圖」を読む』（北海道出版企画センター）の著者、尾崎功さんはこう語る。

「それまでは、一八二六年（文政九年）に伊能忠敬、間宮林蔵らの測量をもとに幕府天文方高橋景保が作成した『大日本沿海実測図』の蝦夷全図によって海岸線はほぼ正確に描かれてはいました。しかし内陸は未知の状態で、武四郎は川

緻密な木版画で描かれた「東西蝦夷山川地理取調圖」。神々の戦いの地だったゆえか、石狩川の神居古潭には多くのアイヌ語地名が集中している。右が上流側（函館市中央図書館所蔵）

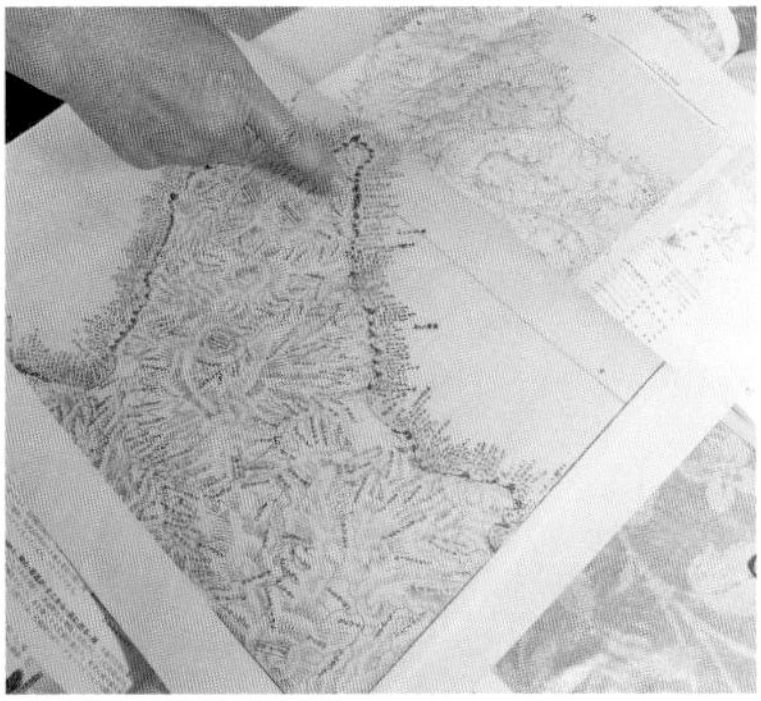

『「東西蝦夷山川地理取調圖」を読む』では、現在の20万分の1図と山川図がほぼ同じ縮尺であることを手掛かりに、武四郎が見た蝦夷地と現在の北海道を比較対照した

尾﨑さんは元中学校校長。生徒たちは身近な地名に目を輝かせるという

を遡って調査することで『東西蝦夷山川地理取調圖』ができたのです」

同図には九千八百ものアイヌ語地名が収録され、後の北海道各地の地名のもとになった。尾﨑さんはこう続ける。

「川はアイヌの人たちの生活の本拠地。魚を獲る食料供給地であり、交通手段でもありました。意外かもしれませんが、峠を越えるのも川を使ったのです。上流まで舟で遡り、峠を歩いて越え、分水嶺の向こうの川に用意している舟で下るという方式です」

天塩川は内陸部を貫く川でありながら、オホーツク海と日本海、南の石狩川水系をつないでいた。天塩川の支流を遡ったり下ったりすることで、分水嶺を越えて広大な

石狩川の浸食でできた奇岩と約70mもの深さの川水がなす景観で知られる神居古潭。奇岩はアイヌ伝説で戦いに敗れた悪い神の身体とされた

神居古潭にかかる神居大橋を渡ると旧神居古潭駅の駅舎（旭川市指定有形文化財）があり、休憩所となっている

水系交通ネットワークが存在していたのだ。川を知り尽くし、川を使いこなす技を備えたアイヌの人々の助けがあったからこそ、武四郎は内陸部を知ることができた。

『丁巳《ていし》石狩日誌』にも、ユウヘヲツ（現・滝川市江部乙《えべおつ》）では「未明からチョウザメが川面に躍り、そのたびに山岳が動くような響音がした」とある。ユウヘヲツ（もしくはユペオッ）は、「チョウザメ・たくさんいる」を意味する。幻の魚となったイトウを意味するチライのついた地名も武四郎は収録している。

旭川市の神居古潭《かむいこたん》では、険しい崖と激流に圧倒された。「左の方岸に、高《たかき》二丈計《ばかり》の人の首の如き岩有。是を鬼の首なりと云《いう》。アイヌ此前へ木幣を削て奉る。ニイツイと云は鬼の事也。カモイは神也。昔し鬼此処まで上り神と合戦をして、神に負けて切られし首なりと申伝えたり。此辺り腕のまたは股のと申さまざまの岩有」と記している。神居古潭は善い神と悪い神（鬼）が壮絶な闘いを繰り広げた場で、

武四郎が石狩川踏査の拠点とした「忠別太大番屋」の跡地。記念碑（写真右）は消防署（写真上）の一角にある（旭川市忠和4条8丁目）

悪い神が成敗されて、その首や腕や肢が岩となって散らばっているというのだ。

今も神居古潭の橋から下を覗くと、渦巻く石狩川に恐怖を覚える。忠別川、牛朱別川《うしゅべつ》、美瑛川などを飲み込んで膨れ上がった石狩川が、唯一の出口である狭い渓谷めがけて流れ込み、約七十メートルもの深さまで河底の岩を穿《うが》ったのだ。その奈落の底から水が山脈のように盛り上がっている。

武四郎は本当にここを遡ったのか。答えは否《いな》。神居古潭では手前で舟を下り、荷物を背負って約四キロ歩いて上流のハルシナイまで行き、緩やかな川を遡って上川盆地に入るのがアイヌの決まりだった。

尾崎さんが意外なことを教えてくれた。

「旭川の地名はチウペッ、つまり忠別川から出たものです。知里真《ちりま》志保《しほ》はチウペッ（波・川）と考え、山田秀三はチュクペッ（秋の・魚・→鮭が盛んに上る川）と考えました。それが民間の解釈でチュッペッ（日・川）となり、意訳で旭川となったのです」

もしかしたら、旭川市は波川市や秋川市になっていたかもしれない。

「テッシ」を恵みとしたアイヌ

さて、天塩川の名は「簗・多い・川」を意味する「テッシ・オ・ペッ」に由来する。

「川の中に岩が一列に並んで、簗をかけたように見えるが、ここには

旭川大橋から見た現在の忠別川

大昔に神が岩を並べたという伝説があり、神聖なところと考えられている。このように岩が並んでいるのを神が見て、簗で魚を獲る方法を思いつかれたとも云われている」(『天塩日誌』から)

Ｐ１４７の空撮の写真を見ると、アイヌが自然を巧みに利用して漁をしたことが想像できる。と同時に、舟運の難所でもあっただろう。自然の恵みとできるか災厄となるかは知恵の如何《いかん》にかかっているが、アイヌはそこに神の存在を見出し、自然に謙虚であり続けた。

また、武四郎は『天塩日誌』にアイヌ一家のもてなしをこう記している。

「うばゆりの団子を作って厚朴《こうぼく》の葉で箱形の容器を作ってそれに盛っ

天塩川をカヌーで下る「ダウン・ザ・テッシ-オ-ペッ」は1992年から続く国内最大級のカヌーツーリングイベント。2023年には4年ぶりに通常開催された（撮影＝半澤伸夫）

て出してくれた。ご馳走になったので武四郎もたくさんの粥《かゆ》を煮てこの家の子どもたちや老人にふるまった。夜になるとこの家の妻が炉に青葉をたいて蚊遣《かやり》にして、一面の五弦琴を弾いてくれたが、その音色はいかにも奥床しく、雅である」

こうしたくだりは、北海道上川総合振興局と北海道開発局旭川開発建設部名寄河川事務所が発行した『天塩日誌　現代語版』で読むことができる。

武四郎の著書『近世蝦夷人物誌』にはこんな和歌が収められている。

おのづからをしへにかなふ蝦夷人が
こころにはぢよ　みやこかた人

この歌を、前出の合田さんはこ

う読み解く。
「アイヌは自然を神と敬う素晴らしい人たちであることを都の人は何も知らないじゃないか、と歌っています。武四郎は、自分たちと異なる文化で生きる民族を野蛮人とするのは間違っているということがはじめの三回の旅でわかりました。松前藩の場所請負制の下で、荒くれ者の和人によってアイヌが虐げられている。人別帳はでたらめで、集落には年寄りしかおらず、夫婦が離ればなれで働かされ、アイヌの人口はどんどん減って危機的状況にある。

武四郎は、この窮状を箱館奉行に訴えればアイヌが救われると思ったのですが、上申書を出しても箱館奉行は開発の采配をするのみ。和人の労働力がなかったから、蝦夷地での生産を維持するにはアイヌを働かせるしかなかったのです。武四郎の怒り、アイヌへの思いを、僕は書きたかったのです」

川とともにあったアイヌの人々とその文化を敬った武四郎。冒険譚《たん》ゆかりの川の風景を訪ね、武四郎の思いに浸ってみたい。

天塩川上流部のナイタイベ(現・士別市上士別町)付近。倒木で川を渡る。『天塩日誌』より(札幌市中央図書館所蔵)

Story 13

進化する小説『氷点』

——三浦綾子の街、旭川にて

1902年に植えられたヨーロッパトウヒ(ドイツトウヒ)は高さ30mにもなり、樹影の醸し出すエキゾチックな雰囲気が印象的だ

八百十万部のベストセラー

三浦綾子(一九二二〜九九)の小説『氷点』が賞金一千万円の朝日新聞懸賞小説に入選したのは一九六四年(昭和三十九年)のことだった。プロ作家も交えた七百三十一点のなか、雑貨店を営む主婦の作品が頂点に輝いたことに日本中が驚きに包まれた。以来、『氷点』『続氷点』合わせて八百十万部が売れ、幾度も映画化、ドラマ化された。しかも

1964年、懸賞小説入選時の三浦綾子と「氷点」原稿。物語は外国樹種見本林の「ストローブ松」の描写から始まる。60年代、世は『氷点』ブームに沸いた（三浦綾子写真提供＝太刀川写真館）

表紙に外国樹種見本林が描かれた『氷点』初版本

今なおコンスタントに毎年一万部以上が売れているという。

『氷点』の舞台は三浦綾子が生涯のほとんどを過ごした旭川だ。病院長辻口啓造は、妻夏枝と医師村井との不貞に対する復讐心から実の娘ルリ子を殺害した犯人の子を引き取り、陽子と名づけて育てる。それを知った夏枝の陰湿ないじめにもめげず、陽子は素直で純真な少女に成長するが、ある時、自分の出生の秘密を夏枝から突きつけられる。

険しさの極みのような人間関係から描き出される憎悪、嫉妬、猜《さい》疑《ぎ》……。それは誰もが持っている心の暗がりであり、時として手に負えない力でわれわれをねじ曲げ、身悶えするほどの苦しみをもたらす。そんな暗がりと向き合う術な

見本林に隣接する美瑛川は『氷点』の重要な舞台の一つ。厳冬期には水と大気の温度差によるけあらしや、水蒸気が凍るダイヤモンドダスト、樹氷など透徹した自然美を見せてくれる（写真提供＝浪岡保男）

どあるのか。答えが与えられぬまま、読者は、無垢な陽子でさえ生まれながらに罪を背負っているのだという人間の「原罪」を突き付けられ、衝撃の結末へと導かれる。

作中の重要な場面に登場するのが旭川市神楽地区にある外国樹種見本林だ。見本林は広さ約十五ヘクタール。林野庁北海道森林管理局上川中部森林管理署が管理する国有林である。署長の浪岡保男さんはこう語る。

「明治時代の北海道では、開拓によって木がどんどん伐採されて山が荒廃した結果、洪水が起こったり、土砂で濁った川の水が海に流入して漁獲高が減ったりしました。植林しようにも寒冷で、本州の杉などは道南以外では育たない。そこで北海道と似た気候の外国の樹木の中から北海道に適したものを選ぼうと造られたのが見本林なんです」

さらにこんな興味深いことも教えてくれた。

「『氷点』と『続氷点』の中に、『見本林』という言葉が計四十八回出ているそうです。樹種で一番多いのはドイツトウヒで三十回。昔、営林署の誰かが数えたんでしょうね。

上川中部森林管理署では、木の成長を阻害する蔓や落下の危険のある枝を払うなどしながら、市民が親しめる見本林づくりを進めている

外国樹種見本林入り口。外来種31種、国内種（道外）7種。道産9種が植栽され、外周4163m、林内2500mの散策道が巡らされている。かんじき等を用意すれば自由に出入りできるが、枝からの落雪にご注意を（写真提供＝今井啓二）

真偽はわかりませんけれど」

　自分たちが手塩にかけて守っている林が大ベストセラーに登場したのだ。しかも三浦綾子の夫、光世《みつよ》氏は旭川営林局の職員だった。昔の「誰か」は、胸をときめかせながら文字を追ったことだろう。

辻口邸のモデルとなった邸宅に案内してくれた森さん。森さんは『見本林の花なかま』と題した写真集もまとめた。陽子も親しんだであろうかれんな花々だ

「綾子さん」への思い

　まさにその見本林に抱かれるように建つのが三浦綾子記念文学館である。ここは、全国的にもユニークな文学館として知られている。その理由を三浦綾子記念文化財団専務理事の松本道男さんは「代表作の舞台にあること、市民の募金で誕生したこと、補助金に頼らず、多くのボランティアが運営を担いながら会費、入場料、寄付金で賄っていることです」と説明する。

　三浦文学案内人講座一期生の案内人・森敏雄さんによると、「年十回の講義を三年間、八割以上出席しなければ卒業させてもらえません。講師の森下辰衛さんは、福岡の大学の先生を辞めて旭川に移り住み三浦文学を究めておられる先生。試験で問われるのは、綾子さんが洗礼を受けた時に立ち会った人は誰か、とかね。わかります？　先生はそんなの常識だとおっしゃいますけどね（笑）」。

　講義では、読書ノートを作成して登場人物の感情や情景を味わい、人前で説明するスキルも磨く。三年間もの受講義務にもかかわらず、定員を超える志願者があるそうだ。

　案内人になって「天職に巡り合えた」と話すのは近藤弘子さんだ。

「綾子さんの本で人生が変わったという道外のお客様の中には、文学館に来られて涙ぐむ方が少なくありません。そんな方とはもう、ファン同士の会話ですよ。『氷点』の映画は前売券購入者だけで旭川の全

1.展示では、旭川に生まれ、脊椎カリエス、パーキンソン病など難病と闘いながら創作に取り組んだ三浦綾子の足跡をたどることができる 2.文学館には窓外の森に包まれているような安らかな気持ちで読書できるスペースも 3.旭川市神楽の外国樹種見本林の中にある三浦綾子記念文学館

三浦綾子記念文学館

旭川市神楽7条8丁目2-15　☎0166-69-2626。9:00～17:00、月曜休館(祝日の場合、翌日休)。
7月1日～8月31日は無休。一般700円、学生300円

人口の一割に達したことなど、地元ならではのエピソードで喜んでいただいています。私はお客様との出会いで癒やされているんです」

取材で会った誰もが「先生」でも「三浦綾子」でもなく、「綾子さん」と呼ぶ。市民の思いは、深くて温かい。

文学館のイベントは年間九十回以上。二〇一三年後半だけでも、朗読競演、書道展、見本林での小学生の巣箱作り、撮影会、三浦綾子

小学校時代から三浦文学に触れてきた近藤さん。『泥流地帯』『続泥流地帯』は何十回も読み返し、人生の苦難を乗り越える支えにしてきたという

の父母の故郷苫前町での移動展など、館の建物を飛び出して自由な発想で三浦文学を味わい、発信している。時代の波にも敏感だ。全八十作品が電子書籍になり、三浦綾子電子全集も実現した。三浦文学は、新しいテクノロジーをも悠々と味方にしている。

見本林から差し込む陽光がステンドグラスを透過し、清冽な青い光となって来館者を迎える

『氷点』が街をつなぐ

旭川駅が四代目の新駅舎に生まれ変わったのは二〇一一年のこと。駅が街を分断するのでなく、駅を通して北の歩行者天国と南の忠別川河川空間とがつながった。そして忠別川に氷点橋とクリスタル橋も架かったことで、見本林や三浦綾子記念文学館のある神楽地区が、駅から徒歩十五分の近さになった。文学館への幹線道路は氷点通りと名付けられた。『氷点』を軸に街が広がっていくようだ。

鮮度の良い自家焙煎コーヒーが飲める「珈琲亭ちろる」。コーヒー本来のフルーツのような酸味を大切にしている

案内人は、街に点在する『氷点』ゆかりの場所も熟知している。お薦めは、一九三九年（昭和十四年）創業で旭川で最も古い喫茶店とされる珈琲亭「ちろる」だ。レンガ壁、太い梁《はり》のクラシカルな雰囲気が大人の情感を紡ぎ出し、夏枝と村井が対話する場面にも登場する。

辻口邸のモデルとなったのは、一九三〇年（昭和五年）建築の藤田尚久さん・佐智子さんのお宅だ。「父、藤田旭山が主宰していた俳句会に、啓明小学校教諭時代の綾子

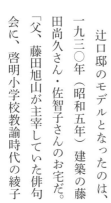

氷点橋から見た旭川駅。市内に160本以上の川が流れる旭川は川の街、橋の街だ

辻口夫妻の娘、ルリ子の仏壇のイメージを膨らませたとされる藤田邸の仏間（個人宅のため非公開）

旭川駅舎は木のまち旭川らしく道産材を多用。1万人の名前が刻まれた「ピープル・ウォール」など、温もりのある洗練されたデザインだ

さんが毎月来ていたんですよ」と尚久さん。

造り酒屋を営んでいた尚久さんの祖父が建てた家にはペチカが鎮座し、天井は漆喰《しっくい》でメダリオンの装飾が施されている。西洋間と呼ばれる洋室はモダンなリノリュウムの床だ。

一方、仏間からは旧家の衿持《きょうじ》が香り立つようで、ルリ子を祀《まつ》る仏壇の描写のもとになったともされる。格式とモダンが溶け合う和洋折衷の藤田邸が、戦前の医家へのイマジネーションを膨らませる役割を果たしたことを実感した。

さて、ここで驚くべき数字にご注目いただきたい。二〇一一年度、三浦作品の増刷は約六万三千五百冊だった。それが翌一二年度に

『氷点』執筆の部屋で口述筆記体験も

塩狩峠記念館(三浦綾子旧宅)は、旭川市内で雑貨店を営んでいた三浦商店の建物を移築・復元したもの。乗客を救うため自らの命を犠牲にした鉄道職員長野政雄氏をモデルに描かれた小説『塩狩峠』をはじめ、三浦綾子に関する資料を保存・展示している。2階書斎では『氷点』の執筆も行われた。文机に向かい、三浦綾子の肉声を聞きながら口述筆記する体験もできる。長野氏の命日の2月28日には「しおかりキャンドルナイト」が開かれている。

病のため自ら書くことが苦痛になった三浦綾子を、夫の光世氏は口述筆記で支えた

三浦夫妻から寄贈された家具や生活用品によって、昭和30年代の夫妻の生活空間を追体験できる

塩狩峠記念館

和寒町字塩狩　☎0165-32-2423(和寒町産業振興課)。
4月1日〜11月30日の10:00〜16:30(10、11月は〜15:30)開館、月曜休館(祝日の場合、翌日休)、一般300円

二十三万冊となった。この間に起こったのが東日本大震災である。

「今、日本は生きにくい世の中といわれています。自殺者が年間三万四千人、虐待、暴力、薬物中毒に悩む人が四百万人。経済至上主義の中で格差は広がる。そんな時に震災が起こりました。いかに生きればいいのか、人が迷う時代だからこそ、三浦作品が読まれているのです」

発表以来、二度目のブームとはそういうことなのだ。

『続氷点』の中で繰り返される言葉がある。

「一生を終えてのちに残るのは、われわれが集めたものではなくて、われわれが与えたものである」

そして三浦綾子は、陽子の祖父

藤田尚久さんの叔父が旭川市立高等女学校の教師だったことから、三浦綾子は女学校在学中から藤田邸を訪れている。小学校教師時代は「旭光荘」として俳句の会が開かれていた藤田邸に通った

懸賞当選小説

氷点（1）

三浦綾子

福田豊四郎画

敵 一

風は全くない。東の空に入道雲が、高く陽に輝やいて、つくりつけたように動かない。ストローブ松の林の影が、くっきりと地に濃く短かかった。その影が生あるもののように、くろぐろと不気味に息づいて見える。

旭川市郊外、神楽町のこの松林のすぐ傍らに、和、洋館から成る辻口病院長邸が、ひっそりと建っていた。近所には、かぞえるほどの家もない。

遠くで祭りの五段雷が鳴った。昭和二十一年七月二十一日、夏祭りのひる下りである。

辻口家の応接室に、辻口啓造の妻、夏枝と、辻口病院の眼科医村井靖夫が、先程から沈黙のまま、向いあって椅子に腰かけている。彫

に見える。それは二十六歳の若さの故ばかりではなかった。

先程から、村井が何を言いたがっているかに夏枝は気づいている。夏枝は、その言葉を待つ表情になった。そのような自分を非難しながら、旅行中の夫、啓造のやや神経質だが優しい目を、ふと思い出していた。

今年の二月であった。夏枝は、ストーブの灰を捨てる時、灰が目に入って村井に診てもらった。その時以来、村井は夏枝から心をそらすことが、できなくなっていた。

無論それまで、院長夫人である夏枝を知らない訳ではない。しかし夏枝には、まともに顔を合わすこともできないような、関心を持つことすら憚られるような狙しが

1964年12月9日、朝日新聞に新聞小説として連載された「氷点」第1回の福田豊四郎による挿絵にも、藤田邸をモデルにした辻口邸が描かれている

にこう語らせる。

「あくせくして集めた金や財産は誰の心にも残らない。しかし、かくれた施し、真実な忠告、あたたかい励ましの言葉などは、いつまでも残るのだね」

祖父はこうも言う。

「何度も手をかけることだ。そこに愛情が生まれるのだよ。ほおっておいてはいけない」

『氷点』は、止まったままの名作ではない。『氷点』は進化している。それは何のためだろう。救いようがない原罪を背負ったすべての人間の道を、光で照らし続けるためではないだろうか。そう思った時、館のテーマ「ひかり・愛・いのち」が、すうっと心に浸みこんでくるのを感じた。

2008年3月号掲載

Story 14

岡崎文吉、エンジニアの系譜

——石狩川を科学する

ミシシッピ川を守るマットレス

「皮肉なことにミシシッピは、護岸の解決法をOkazakiと名乗る日本のエンジニアから借りた」

好景気に沸く一九一〇年代のアメリカで、大河ミシシッピの洪水制御と護岸工事に多大な費用をつぎ込みながら成果が上がらなかったミシシッピ川河川委員会と合衆国陸軍工兵隊は、こう宣言した。その解決法とは岡崎文吉が考案したマットレス。それは〝皮肉なことに〟という前置きをつけながらも採用せざるをえないほど圧倒的に優れた性能と経済性を併せ持っていた。

岡崎式マットレスとは、鉄筋コンクリートブロックに穴を開けて金属ワイヤーを通してつなぎ、各ブロックの継ぎ目が互い違いになるように編み上げたもの。頑丈でしかも撓《たわ》む特性をもち、侵食の激しい箇所に設置すると、あたかも一枚の織物のように、しなやかに河岸から河底まで、必要なら対岸まで一枚もの

石狩川河口近くの支流、茨戸川河岸に現存し、今もその機能を発揮している岡崎式単床ブロック。1910年からの7年間、石狩川治水工事として下流域に126万個、5800mにわたる単床ブロック護岸が施されたとの記録がある（写真提供＝北海道総合研究所）

で覆うことができる。おまけにコストは三十センチ四方でわずか一・五ドル。以来、岡﨑式マットレスは、ミシシッピ川の河岸千六百キロにわたって敷設され、世界屈指の大河を守り続けているのだ。

岡﨑文吉が、ほぼ原始の状態だった石狩川の河川調査の責任者になったのは一八九九年（明治三十二年）、二十八歳の時。陸地の平面測量さえ困難で不十分だった当時、治水計画そのものの姿と形を決定する実測をきわめて厳格に行った。『流水の科学者 岡﨑文吉』（北海道大学出版会）の著者、浅田英祺さんは、「石狩川の河川調査が実施されたという事実そのことが北海道の自然科学史に記録される価値がある」と記している。

石狩川の流域面積は北海道の総面積の6分の1を占める。組織的体系的な近代治水が始まって約100年で、旭川・神居古潭から下流の氾濫原800㎢が原野や湿地から農用地として開発され、日本屈指の穀倉地帯となった（写真提供＝国土交通省北海道開発局石狩川開発建設部）

岡﨑はさらに利根川、木曽川、淀川など国内の主たる個性的な河川を自ら踏査し、一九〇二年（明治三十五年）には一年間、欧米の治水工事の調査にも赴いた。ライン川はショートカット工事後、直線化によって流速が増し舟運《しゅううん》に悪影響を与えていること、しかも流れが元のように迂曲しつつあることを見抜き、軽率な直線工事の欠陥を指摘した。対照的に、天然の流路が保たれたミシシッピ川では、舟運のための航路維持が治水工事の大目的となっていることも確認した。

岡﨑は、「自然の迂曲流路は多くは良好にしてむしろ理想的な航路。自然の河川状態を保護し、たまたま不良なる一部に向かっては自然が示す模範を応用して修正するに止める」との真義を深く理解した。「岡﨑の『自然方法』とは、自然を保護するための解決策を自然そのものに求めることであり、『自然主義』とは河川を自然界の大いなる一部と認識すること」と浅田さんは語る。

岡﨑は、自ら自然主義と定義した思想と、それを治水技術家として実践する自然観をもって一九〇九年（明治四十二年）、石狩川治水計画調査報文を河嶋北海道庁長官に提出。翌年、石狩川治水事務所の開設とともにその初代所長に就任。先述した岡﨑式マットレスの愛称をもつ単床ブロックの実用化に勤しんだのはこの時期だ。そして、理想的に成就してきた川の澪筋《みおすじ》（洪水時ではなく平時に水が流れている道筋）は自然のままに維持して、洪水時のみ超過分を通過させる新水路を造り、その両岸に堤防を築く「放水路方式」を石狩川治水方式として提唱した。

岡﨑文吉(1872〜1945)。旧士族の長男として岡山県に生まれ、1887年、16歳で札幌農学校工科入学。22歳で母校の助教授に抜擢され、25歳から総理任命の北海道庁技師。石狩川治水事務所長を経て1918年、47歳で内務技師に。現職のまま中国政府の招きに応じて、遼河改修工事の技師長として大工事の指揮にあたった（写真提供＝北海道総合研究所）

七十年間通用した流量計算

石狩川開発建設部計画課長の小林幹男さんはこう説明する。

「岡﨑博士が当初『放水路方式』を主張したのは、自然主義による改修理念と、旭川神居古潭までは物資の運搬のほとんどを舟運が担うほど、交通路としての川の役割が大きかったからという二点です。時代とともに鉄道と道路の整備が進むにつれ、舟運の重要性が低下していきました。そんななか、流域を農地や宅地に変換していく北海道拓殖計画の方針に『捷水路《しょうすいろ》方式』はぴったりだったのです。捷水路で川がショートカットされることにより、川の流速と掃流力が増し、

1918年から14年間に及んだ石狩川下流の生振放水路工事は幅910m、延長3655mの大がかりな土木工事で、土木遺産にも指定されている。掘削には最新式エキスカベーターが活躍した（写真提供＝川の博物館）

護岸ブロックを敷設するための傾斜型大型矢倉。水中の敷設状況を確認するため、水深の深い川では潜水士による作業が重要だった（写真提供＝川の博物館）

岡﨑本人が愛用したプラニメーターが川の博物館に展示されていた。基点が動かないよう針を文鎮で固定し、地図の上をなぞることで面積が割り出される（岡﨑家所蔵品。川の博物館に寄託展示）

水平角、高度角を測定する「トランシット」は1928年製（写真提供＝川の博物館）

水が素早く流れて川の水位が低下します。すると、周辺の湿地の地下水が川に流れ込み、湿地の排水が進んで乾燥してくるのです。このように、時代の変遷で国土開発に対するアプローチの仕方は変わりましたが、その後の岡崎博士の功績を見ても、治水に対する姿勢は一貫していたと思います」

そんな岡崎の業績のうち、土木技術者の間で今も畏敬を込めて語り継がれているのが、一九〇四年（明治三十七年）の洪水をもとにした将来の洪水流量の計算だ。氾濫が抑制されてすべての水が川を流れた場合、下流でどれくらいの水量になるかを計算したもので、〝氾濫戻し〟という新しい手法で毎秒八三五〇立方メートルと計算。この数字はその後七十年間も有効に使われた。

浅田さんは、「日本人がそれまで持ち合わせていなかった欧米の科学知識と先端技術を自分ひとりで懸命に研究した。『水を治める者は国を治める』という原点に、初めて科学の立場から立った人」と評価する。

砂を読み、流れを解く

北海道大学工学研究科教授を長く務め、現在は河川環境管理財団の研究顧問である長谷川和義さんは、「動くのが川の本質。それは完璧なる物理現象です」と言う。いったいどういうことなのか。

長谷川さんによると、均一な粒の砂を平らに敷いた直線の水路に水を流していると、何の力も加えないのに次第に砂が移動して砂州がで

「動くのが川の本質」との言葉を裏付ける1960年、旧・科学技術庁資源局による石狩川河道変遷調査付図(右)。爪あとのような無数の細い赤い線が川の痕跡である。作成者は河川工学の発展に尽くした木下良作博士。石狩川と雨竜川の合流点付近で、写真が現在の姿

き、水流が蛇行し始める。最初のきっかけは、見た目には均一に見える砂の粒の小さな起伏。これが砂と流れの間に不安定を呼び起こす。その中のある波長の起伏が、流れにとってわずかな影響を与える。その結果、速いところと遅いところができる。速いところではたくさん砂が運ばれ、遅いところには砂がたまっていく。その変化をうけて流れがまた変化し、ある波長については増幅し、ある波長については減衰しながら砂州は発達していく。すると、水は砂州の間を曲がって流れながら次第に岸を削り始める――。これが蛇行の最初のメカニズムだ。

「この現象は世界中の河川工学研究者によって解析が行われ、実験室のような一様な条件下では蛇行の数値シミュレーションもできています」と長谷川さん。いったん流路が曲がりだすと、流れは遠心力によって蛇行の外側に押しつけられ、流れがらせん状の回転を起こし、外側の部分の河岸が削られる。一方、流れの緩やかな内側には土砂が堆積し、河道がずれていく。するとますます蛇行が大きくなり、やがて上流と下流のふくらみが接して短絡（蛇行切断）が起こり、かつての蛇行のふくらみ部分が川から切り離され、水溜まりとなって残される。それが三日月湖である。

長谷川さんは、蛇行によって作られる淵や瀬の重要性も指摘する。

「淵で砂に潜った流れは瀬に至る前に上向きになり、砂の中から湧き出す性質があります。これは本

1.岡﨑が石狩川治水に取り組むきっかけとなった1898年の大洪水。118人が死亡し、全国から同情が寄せられ、河川法や治水計画の適用外地域だった北海道にもようやく近代治水事業の計画が進められるきっかけとなった。写真は現・砂川市街（石狩川振興財団『石狩川 流域発展の礎・治水』から転載） **2.**かつて石狩川下流は全面結氷した。河口では氷の橋を造成して渡らせる商売があった（1945年、写真提供＝川の博物館） **3.**石狩川には多くの渡船が行き交っていた。写真は石狩の渡船場と、渡船場最後の就航船「ちどり丸」（1970年、写真協力＝高橋勁氏、写真提供＝川の博物館）

当の湧水ではなく物理的現象ですが、卵に新鮮な水が送られる意味で、魚の産卵場所として重要です。また低流速の淵で体力を温存し、餌を取る時は早瀬に出て行けるのも蛇行があればこそ。流れによる砂の動きは、生き物にも密接に関係しています。自然の法則性をおさえた上で自然再生の設計をしていくことが大切です」

小さな砂粒がもたらす不安定が、大河の蛇行の端緒となるという不思議。その不思議を解くために観測や実験のデータを蓄積し、計算式を導く。普遍性という名の宝物を手に入れる科学のロマンに、岡崎の心も震えていたに違いない。

こうした川の科学を学ぶには、滝川市にある「川の科学館」がおすすめだ。パネル展示や実験コーナーなど目で見て手で触れて川の不思議を体験できる。

一方、治水の歴史を学べるのが石狩市にある「川の博物館」だ。三上富睦館長は、見学に来る子どもたちに対し、あえて大胆にこんなたとえ話をする。

「川は傾斜のある斜面を下る意味ではスキーと同じです。スキーも直滑降だとスピードが出ますがスラロームをやると落ちますね。曲がっていると、後ろから雨水が押し寄せた時にスピードが遅くてあふれてしまう。捷水路の『捷』は敏捷の『捷』。ですから、まっすぐ短くしてはやく流すのが捷水路なのです。石狩川は開拓期以降、約七十キロ短縮されました」

川の博物館
石狩市新港南1-28-24　☎011-581-3207(札幌河川事務所)。見学は無料だが1週間前までに要予約。10:00〜15:00(5〜11月、土日祝を除く)。石狩川放水路に隣接し、映像やパネルによって川の不思議、治水史が学べる。岡崎家より寄託された文書、遺品を展示する岡崎文吉のコーナーもある

川の科学館
滝川市西滝川1　☎0125-24-0989
10:00〜17:00、月曜(祝日の場合は翌日)および11月4日〜4月28日休館、入館無料。科学的視点で石狩川を知ることができる施設。淡水魚の水族館でもある。石狩川を1000分の1のスケールで再現した「石狩川リバーウォーク」(写真)は必見

水理を究め、利用する

独立行政法人土木研究所寒地土木研究所の寒地水圏研究グループでは、河川工学の成果を実際の川に応用している。グループ長の吉井厚志さんは、「石狩川の治水は、捷水路によってはやく水を海に流し、地下水位を下げることで湿地を農用地とし、今や日本一といわれる米どころにしてきた歴史です」と振り返る。

石狩川と石狩平野は、日本屈指の劇的変化を経験した流域ということだ。雪解け時期ともなれば、待ち望んだ季節の到来を告げるように濁流が山から駆け下りてくる。春水とも呼ばれるこの融雪出水は実に大きな力を秘めているらしい。その流量は石狩大橋（江別市）で毎秒四千五百立方メートル。渇水期の二十〜五十倍にも及ぶのだ（石狩川開発建設部調べ）。

寒地河川チーム上席研究員の渡邊康玄さんによると、「融雪は、一時的な水量は台風より少なくても、一カ月という長い間続くため、川に与えるインパクトはとても大きいのです。石狩川の形は融雪期の土砂の動きによって決定されています。もし融雪期の水量が半分なら、これほど広い川にはならなかったでしょう」。

また、水は平らな河底の上を流れていると思いがちだが、渡邊さんいわく、「洪水時の川に物をすくえるものを入れて引き揚げると、石がゴロゴロ入っています。超音波で川底の変動を測ると、最初にがっとえぐれていって、洪水が終わる頃には元に戻っています。こうした大きな河底の変動を伴う流れる水の動きを知ることも、治水には欠かせないのです」。

研究者は、阿修羅と化す川を見つめているのだ。吉井さんは「融雪出水は農業用水としても工業用水としても貴重なばかりか、生物も生存戦略に利用しているのですよ」と教えてくれた。そしてこう続ける。「たとえばヤナギは、根を張る段階の競争では草に負けてしまいますから、融雪出水の直後、まだ他の植物が生えていないところに種を飛ばし河畔林を作ってきたのです」

水環境保全チーム上席研究員の山下彰司さんは、融雪出水のもととなる雪の量について語る。

「雪は積雪に伴い単位面積あたり

の重量が増し、密度の大きい〝圧密した〟状態になります。こうなると、積雪の深さだけでは水の量はとらえられない。積雪のメカニズムを知ることで、流域にどれくらい雪として水があるかがわかります。すると、ダムに貯まる水量の予測にも役立つのです」

このほか、融雪時に氷が一カ所に詰まってあふれる現象の解明と解決策や流木災害の防止策、川を遡上する津波の影響、冷たい川の代表としてのサクラマスの生態、ダムに堆積する土砂の対策など、水をめぐる研究が果敢に続けられている。

膨大な石狩川の水は、それを飲み込む石狩湾にも大きな影響を与えている。川はチッソやリンをはじめとする栄養塩を森や畑から海へ運ぶ通り道でもあるからだ。石狩川の水が流れ出ていく厚田や浜益の海には、スガモ、ホンダワラなど多年草の海草が豊かに茂っている。これは、川を通じて栄養が届けられていることと、淡水を嫌うウニが

中流の砂川市付近の石狩川と旧河川群。人工の捷水路工事、自然の力でショートカットになったものを合わせて、石狩平野部で100年に約70km短くなったとされている

少ないためと考えられている。

それで何が起こるか。ニシンの再来である。ニシンは多年草の海草の森を目指して産卵にやってくるのだ。また、対馬暖流の影響が大きい夏場、日本海は貧栄養状態に陥るが、石狩川によってもたらされる栄養塩は、豊かな海の維持に重要な役割を果たしている。

本来の姿での再生

さて、岡﨑文吉は『治水』の中で「人為的河川荒廃ノ原因」として「河岸原生林ノ侵害」をいの一番に挙げたが、ユニークな方法で河畔林の再生に取り組むのが北海道工業大学教授の岡村俊邦さんだ。

「石狩川の本来の河畔林は、ハルニレ、ヤチダモなど高さ三十メートルもの巨木が茂り、その樹洞ではシマフクロウが雛を育て、蛇行が掘った淵にはミカドチョウザメ（絶滅した在来種のチョウザメ）が群れ、背後の湿原にはタンチョウが舞い、イトウが潜む豊かな自然がありました。河畔林再生は、こんな生物多様性を取り戻し、二酸化炭素削減にも役立つと考えたのです」

岡村さんが行っているのは生態学的混播混植法という方法。木が倒れて根返りし、土がむき出しになったところにさまざまな種が飛んできて、最終的に競争に勝ったものだけが残る、本来の姿での再生をめざす。

遺伝子レベルでもその地域の生物であることにこだわり、防風林として奇跡的に残された茨戸川の河畔林から種を採取し、三十種ほどの苗を育て、直径三メートルの円に十種ずつ不規則に選んで植えている。

浸水した際、排水を妨げる木は、長年治水上の邪魔ものだった。しかし治水技術が進むなか、本物の河畔林再生は大きな意味がある。

前出の吉井さんは、「わずか百年ほどで、石狩川の流域に広がる原野や湿地帯は穀倉地帯になりました。これからは、空間的な余裕があることを生かした遊水地による治水対策や自然再生が課題となるでしょう。そしてそのノウハウを他の国にも伝えていきたいものです」と結んだ。石狩川で培った知恵と技術で異国の大河を守り続ける岡﨑の遺伝子は、今もたしかに受け継がれている。

2008年4月号掲載

Story 15

孤高の花守

――ウメシュンを生きる

〝NEW〟という勲章

植物写真家・梅沢俊さんは孤高の花守だ。いかなる組織にも属さず、四十年にわたって北海道の花を見守り続ける。執筆した植物図鑑や山歩きのガイドブックは三十冊以上。学名にｕｍｅｚａｗａの名を見る新種の植物は三種に上る。

梅沢俊さんの人物像を探る取材は、一本の電話をかけることから始まった。電話の相手は、茨城県つくば市にある国立科学博物館植物研究部の研究主幹、門田裕一さんだ。門田さんは、梅沢さんがこれまでにかかわった四種の植物を新種と学術的に確認したその人である。門田さんいわく、「新種とは、植物の戸籍簿を新しく作ることです。日本の植物学は既に百年以上の歴史がありますから、もはや〝ＮＥＷ〟はなかなか出てこない。そんななかで新種発見の発端となるのは、土性、いわば山の風土への深い理解と、この種ならばここまでは変異するだろうが、こうは変わらない、これはおかしいと気づく感覚です。そのうえにアジアの植生に関する広い知識がないと難しいでしょう」。

梅沢さんゆかりの四種とは、リシリアザミ、ヒダカアザミ、マシケレイジンソウ、リシリハタザオで、そのうち二種が利尻島の固有種だ。「利尻島のように全国から多くの人が訪れ、人目に触れるところから未知のものを見つけるのはすごいこと。日本で他に梅沢さんのような人がいるかと聞かれたら、いないと言うしか

〝花のソムリエ〟梅沢俊さん。撮影はいつも取材に同行する妻・節子さん

図鑑職人としての仕事の集大成のひとつである『新北海道の花』（北海道大学出版会）は、携帯しやすく、初心者にも調べやすいよう花の色別にまとめられている

ないでしょう」と続けてくれた。

梅沢さんは、植物写真家としておもに道内の野生植物を撮影し、図鑑などの執筆を行っている。緻密で客観的な写真が多数必要な図鑑作りは深い知識と膨大な写真点数を要するが、著書はすでに二十冊を超え、山歩きのガイドブックや写真集を合わせると三十冊を上回る。自らを図鑑職人と名乗る梅沢さんは、「きれいな花だけ撮っても図鑑の仕事はできません。植物

北海道・春の花名所

01 落石岬（根室市）5月下旬〜6月 ユキワリコザクラ

ユキワリコザクラは海岸から山地の湿った草地や岩地を好む。可憐なピンクが道東に遅い春を告げているかのようだ。根室市落石の海岸段丘上にこの花が群生する湿地があり、その近くでサカイツツジ、チシマウスバスミレ、エゾゴゼンタチバナ、ガンコウランなどが見られる。

北海道・春の花名所

02 樽前山（千歳市）5月 コメバツガザクラ

砂礫に覆われた活火山のイメージが強い樽前山だが、実は花の名所。5月に登れば、コメバツガザクラがスズランのような清楚な香りを放ち、全山が芳香に包まれている。花の香りの中で見下ろす紺碧の支笏湖もまた格別だ。6月からは、イソツツジをはじめタルマイソウ、イワギキョウなどで花の山となる。

北海道・春の花名所

03 幌加内町5月 エゾキンポウゲ

当別町から幌加内町にかけての日本海側はエゾキンポウゲの黄色が特に華やかだ。雪の多い地域なので雪解け後も湿り気があり、そうした環境を好むエゾキンポウゲが群落を作っている。道路沿いで気軽に見られる。

は花だけでできているのではなく葉や茎も重要な要素ですから、種による違いをきちんと理解したうえで撮影しなければ。地味なイネ科植物やシダでも、その背景には植物学的なおもしろさがあるのです」と目を輝かせる。

そしてアジア、北方圏を知らずして北海道の植物は語れないという言葉に応えるかのように、アラスカ、ヒマラヤ、中国、ロシアなどを歩く。今から約二万年前の最終氷期、北海道の低地はツンドラやタイガに覆われており、その頃の植物は、気候が温暖になるにつれて冷涼な環境を求めてより北へ、高地へと何世代もかけて移動した。その足跡を理解するにはアジアの植物分布を把握することが欠かせないからだ。「いま北海道で見られる高山植物は冷涼な環境に取り残された氷河期の遺存種。こうした環境適応性に注目すると、地球規模の視野で北海道の植物の歴史を知ることができます」と梅沢さんは言う。

昆虫少年、マムシで稼ぐ

梅沢俊さんは一九四五年（昭和二十年）、札幌市中央区に生まれた〝都会っ子〟である。もっとも東京の中央区とは異なり、札幌では原生林の藻岩山も丸ごと中央区。梅沢少年は捕虫網を手に蝶を追う日々に明け暮れる。

北海道立札幌南高校の生物部に入ってからは、札幌を流れる豊平川上流の渓谷へミドリシジミ類の採集に。メタリックグリーンに輝く翅《はね》を持ち、ミズナラの梢を悠々と飛ぶ姿に魅了された。生物部の二年先輩には、後に登山家として梅沢さんを山へ導き、『北海道夏山ガイド』（北海道新聞社）の共著者ともなる菅原靖彦さんがいた。

菅原さんいわく、「僕らは生き物の不思議に夢中になりました。蝶の鱗粉《りんぷん》ひとつでも、顕微鏡で見ると桜の花びらのような細胞で、瓦状に重なって雨から翅を守っています。この美しさは、蝶が生きるためのメカニズムと分かちがたく結びついているんだ。そう思うと、自分の感覚が膨らんでくるような気がしてね。生物部は僕らの原点なんですよ」。

旭川、帯広、北見へ蒸気機関車に乗って遠征もした。昆虫少年たちは、旅費を捻出するにも昆虫採集の知識と道具を使った。蝶の本場である札幌の八剣山には岩場が多い。日光で温められた岩の上ではマムシがとぐろを巻いている。そのマムシを捕虫網で捕獲し、札幌・狸小路の漢方薬店に売ったのだ。

「かなりの金額になりましたよ。でも捕虫網についたマムシ臭にはまいった（笑）」と梅沢さん。

その後、北海道大学農学部農業生物学科に進学し、札幌農学校以来の伝統ある昆虫学教室に籍を置く。まさに昆虫少年の王道である。しかし、山スキー部に入部したらおもしろくてたまらない。既に社会人として山岳会に属し、ハードな登山に挑んでいた菅原さんでさえ、北大山スキー部の活動ぶりには驚嘆させられた。

札幌南高・生物部時代の梅沢さん（右）と菅原靖彦さん。1963年、ジョウザンシジミの採集に行った札幌市郊外の八剣山で

「大雪山や十勝岳連峰の高いところは強風で氷や岩がむき出し。ふつうの冬山登山ではスキーを脱ぎ、アイゼンを装着しピッケルを持って頂上をめざすものなんです。ところが山スキー部の人たちは、スキーの行動半径を広げたいと、アイゼン、ピッケルの領域までスキーで行ってしまう。硬い氷にアイゼンの爪の先端がやっと入るくらいのところで、万一滑り落ちたら何百メートルも止まらない。そこをスキーで登りつめ、標高差が何百メートルもある斜面を一気に滑り降りるんだから」と呆れ気味だ。

　夏はふつうの山岳部同様、沢を遡って日高山脈や大雪山系の深部に分け入る。そこで高山植物に出合う。

「高山植物はほとんど多年草。根にきちんと栄養を貯え生き続けることを確保したうえで、小さな体に不釣り合いなほど大きくて目立つ花をつけ、昆虫を誘う。苛酷な環境を生き抜く戦略なんです」

　こうした活動を通して梅沢さんは山を徹底的に知り、心は小さな花々へと向かっていった。

　就職は東京の出版社を受けた。二次試験まで通過したにもかかわらず、社長との最終面接を棒に振って帰札。山スキー部の後輩と日高山脈へ入る約束があったからだ。

「東京は暑かったしね。いま思えば、人生の分岐点ってあるよね。卒業後はアルバイト生活でした。その頃、憧れの写真家、故・田淵行男さんが大雪山の撮影の案内人を探しているという。私はいわばフリーターの走りですから時間はいくらでもある。すぐに飛びつきました。何と言っても田淵さんは、私たちが高校時代に虜になった『高山蝶』の著者なんだから。『高山蝶』はただの写真集じゃない。ページを開くごとに蝶を包む自然そのものを感じられる名著でした」

　憧れの人の撮影を間近で見て、撮

花のシーズン中はほとんど留守となる自宅仕事場にて。三方の窓からは恵庭岳、無意根山、砥石山、手稲山など札幌近郊の山々が一望できる。愛機はキヤノンT90

影技術ばかりか図鑑作りの奥義も会得していく。フリーターはまさに最高の師を得たわけだ。東京から夜行列車を乗り継いできた田淵さんと、上川駅前の旅館で合流しては大雪山へ入る撮影行は七年続いた。その際、田淵さんは出版社から図鑑用に植物写真を依頼されていた。

「梅沢君、やってみないかい？」

当時、写真による植物図鑑はなく、画期的な仕事だったが、「その頃の私は昆虫が食べる植物くらいは知っていましたが、撮影リストには聞いたことのない植物名がズラリ。文献から生息地を探して、標本を大学に持ち込んで同定してもらいました」。十年ほどかかったその仕事は『日本の野生植物草本編』（平凡社）として結実し、今も版を重ねている（現在は改訂新版）。

「それが私の植物写真への入り口。すごく大きな入り口を与えられたと思っています」

〝花勘〟を磨くもの

さて、新種発見の瞬間とはどのように訪れるものだろうか。梅沢さんにとって最も感慨深いリシリアザミ発見はこうだった。

一九九六年六月十九日、利尻島はひどい風雨で、稚内からのフェリーが着岸できず、帰りのフェリーの出航待ちの間、梅沢さんは島の友人に借りた車を走らせていた。と、見慣れぬ草の群生が。

「膝丈ほどの高さで、三角の葉が葉柄《ようへい》から太い茎へと目立つひれとなって延下している。トウヒレン属のフォリイアザミに違いないと思いました。これは知床半島で群生を撮影したものの、道路工事で群生が壊され、新しい産地を探していた種類でした。まだ花が咲いていなかったので、一カ月半後、利尻島に再上陸したんだけど、南浜湿原から鬼脇へと向かう車道の両脇のヨツバヒヨドリがあまりに美しいピンク色だったので撮影していると、ふと

最北の島、礼文島では海抜0mの海岸に高山植物が生えている。5〜6月に咲くレブンアツモリソウが有名だが、意外にも春は早く、5月にはイワベンケイやキジムシロが咲き、旅人を楽しませてくれる。写真はレブンコザクラ、エゾノハクサンイチゲに彩られた周遊路

リシリアザミ
Cirsium umezawanum
頭花が上向きに咲き、がくに相当する総包片がそり返って先が下を向くのが特徴。利尻島南部の低地で見られ、花期は7月下旬〜8月

北海道・春の花名所

04 毛無山（北斗市）5月 オオバキスミレ

5月の北海道はあちこちで黄色いスミレに彩られるが、とりわけ道南の山間部に多い。オオバキスミレがさまざまな環境に応じて、アポイ岳ではエゾキスミレ、日本海側の豪雪地帯ではフギレオオバキスミレなどと変化している面もある。大雪山では北海道の固有種ジンヨウキスミレが見られる。黄色いスミレは北海道の春のシンボルだ。

北海道・春の花名所

05 奥尻島4月 マルバマンサク

対馬暖流に浮かぶ島、奥尻の春は早い。風情あるマルバマンサクを求めての島旅も味わい深いのでは。北海道本島ではほとんど見られない南方の花であるシュンランやヤブコウジがあることでも、北海道ではとりわけ温暖な島であることがわかる。

北海道・春の花名所

06 アポイ岳（様似町）5月 アポイタチツボスミレ（左） アポイアズマギク（右）

アポイ岳では4月から高山植物を見ることができる。エゾムラサキツツジ、ショウジョウバカマでひと足早い春をご堪能あれ。超塩基性岩であるカンラン岩に由来する重金属イオンの影響で普通の植物が生えにくい苛酷な環境にあるが、耐性を備えたものにとってはライバルの少ない天国であり、固有種が多い。写真2種は超塩基性岩地の固有変種。

近くに咲いているアザミ数株に目が留まりました。植物学の泰斗・舘脇操博士のリストにも、利尻島のアザミ属はチシマアザミだけしか載っていない。チシマアザミなら花は下を向いて咲くし、とうに花期は終わっているはず。なのに目の前に咲いているアザミは元気よく天を向いて咲き誇っている。こいつはなにものなんだ？　そこでアザミ属の権威である門田先生に写真と花の標本を送り同定をお願いしたのです。リシリアザミと仮の名をつけて」

門田さんの答えは「〝NEW〟のようです。ウゴアザミの系統でしょう。この系統では道南に出現するマルバヒレアザミに近いようです」。

梅沢さんはこう振り返る。

「何か新しい発見をするとき、

妻の節子さんは目当ての花を手分けして探す相棒であり、撮影助手でもある。2人でヒグマに遭遇したことも。信頼できるパートナーがあってこそ、膨大な図鑑の写真撮影は可能なのだ（5月下旬、十勝岳で）

誘ってくれるものがある。このときはフォリイアザミでした。どうも私はこの頃、花との巡り合いを司る〃花勘〃とでもいうべきものの存在を思うようになりました。探し求めている花がひょっこり姿を現してくれたり、見慣れた山を歩いていて、いつもと違う空気をふと感じて振り向くと、まるで撮ってくれというように咲いていたりする。『お前、こんなところにいたのか』と本当にいとおしくなるんです」

もちろん〃花勘〃が誰にでもあるはずはない。菅原さんはこう証言する。

「新種を見つけたいという功名心から植物を見ることは、彼に関しては一切ありません。植物のことを知りたい、調べたいという思いだけ。彼は人生これひとつというタイプで、家にはテレビもない。まじめにこつこつ勉強して頭の中でデータを整理し、何度も何度も山を歩いて、初めて『おや？　頭のデータベースとはちょっと違うぞ』というひらめきが生まれるんでしょう。新種といってもたいていは地味で、ふつうの人の目では到底区別などできないものですから」

二つの大発見「葉っぱの中の炭鉱員」と「幻の蝶」

梅沢さんには昆虫の分野でも二つの大発見がある。

胴体が虫ピンほどの太さしかない小さな蛾を通称「ミクロ・レピ」といい、その幼虫は、木の葉の中に鉱山の坑道を掘るようにして葉を食べることから、リーフ（葉）マイナー（炭鉱員）と呼ばれている。梅沢さんの卒業論文のテーマは、生殖器も翅の模様もそっくりで、色だけが違うホソガ科のミクロ・レピ

ウンナンシボリアゲハ

が別種か否かを生態的側面から研究すること。別種なら片方は新種となる。二年越しで調べたところ、卵の産み方、食べる葉の部分、蛹《さなぎ》の形から別種と判明。指導教官は「グラキラリア・ウメザワエ」なる学名を用意してくれた。

ところが！　多忙で学会発表が遅れ、新種発見の栄誉はある博物館の研究者の手に。しかし博士論文に匹敵する偉大な卒業論文であったことは間違いない。

もう一つの発見は一九八一年（昭和五十六年）、北海道山岳連盟の中国四川省ミニャ・コンガ登山隊に先発隊として参加した時のこと。この登山で遭難し、帰らぬ人となった故・浦光夫隊員とともに、標高二千二百メートル地点で十四匹の蝶を採集した。帰国後、母校に寄贈したところ、恩師の顔色が変わった。

「梅沢君、大変だ。ウンナンシボリアゲハだ！」

日本中が騒然となった。なぜならウンナンシボリアゲハは、春の女神の異名を持ちマニアに人気の華麗なギフチョウに似ており、かつ五十年ほど前にイギリス人G・フォレストによって、雲南省で雌が一匹採集されただけの幻の蝶だったから。その上、フォレストが帰路の船上で客死したため、採集時のデータは謎のままだった。貴重な標本は今も、北大のほか中国科学院動物研究所、国立科学博物館、大阪市立自然史博物館、九州大学で厳重に保管されている。

写真家として北海道の自然のすばらしさを訴えてきた梅沢さん。群落ごと盗掘されていたり崖全面にコンクリートが吹き付けられていたりすると、その無垢な心は哀しみに沈む。梅沢さんは鉱山でいち早く有毒ガスの発生を身をもって知らせるカナリアなのかもしれない。その笑顔は北海道の自然が健やかである指標なのだ。

2022年1月号掲載

Story 16

七つの誓いが生んだ美酒

―北海道一の酒米の里を訪ねて

アツアツの蒸米を広げて適温にする。ここから製麹、酒母造り、醪造りと、複雑で手間のかかる工程を経て酒ができる

冬を前に渡道した謎

十津川郷は、紀伊山地の深い山ひだの最奥部にある。面積は奈良県の五分の一を占めるほど広大だ。

一八八九年（明治二十二年）八月、この十津川郷をすさまじい豪雨が襲った。周囲の山や谷壁で無数の山崩れや地すべりが起き、その土砂が渓谷をせき止めた。渓谷沿いに点在する民家、田畑、道路は水に没し、堰《せき》が切れると恐ろしい濁流が家々をのみ込んだ。

十津川郷からの移住・開拓の軌跡は作家・川村たかしが書いた『新十津川物語』で多くの人々に感動をもたらした。1991～94年、NHKドラマとして放送。「新十津川物語記念館」には町内で行われた撮影の様子も展示されている

全10巻からなる『新十津川物語』
(新十津川物語記念館所蔵)

死者百六十八人、負傷者二十人。日本中から多くの支援が寄せられ急場はしのげたが、約三千人は将来のめどが立たない。人々は災害から一カ月で北海道のトック原野への移住を決断し、わずか二カ月後の十月、六百戸・二千四百八十九人が三組に分かれて順次、神戸港から船出した。

太平洋を北上、津軽海峡を通って日本海に出て、小樽へ上陸する。小樽の手宮停車場から汽車で市来知《いちきしり》(現・三笠市)へ。そこから空知太《そらちぶと》(現・滝川市)までは途中の囚人小屋に泊まりながら約五十キロを歩いた。

トック原野は石狩川の対岸だが、冬が迫っている。屯田兵屋が四家族に一戸割り当てられ、すし詰めで越冬することに。悪性の風邪が流

朝廷への貢献から使用を許された「御紋章付き菱十」の十津川郷旗。菱十は町章になった。新十津川町開拓記念館に展示

「十津川衆は入植にあたり先祖の霊璽(れいじ、仏教でいう位牌)を運んできました。古くは元禄時代の年号があります。この社には十津川衆の先祖祀りの根っこがあります」と語る間宮さん。出雲大社分院は東北以北では新十津川と弘前のみ

行して九十六人もが死亡した。囚人たちが「大和の移住者空知の肥だよ」と橇《そり》引き音頭に歌ったほど悲惨な越冬だった。

なぜ、春になってから十津川郷を出発しなかったのだろう。それは、せっかく団結した集団をいったん解散したら、移住への決意が揺らいでしまうし、年内に移住しておけば春すぐに開墾にとりかかれるという理由からだった。とはいえ、当時は既に日本からハワイなど海外への開拓移住も始まっていた。なぜ北海道へ、なぜ一気呵成に移住しようとしたのだろう。

その答えは『新十津川町史』にあった。「明治政府の北海道開拓方針に従うことが十津川郷士代々の忠君愛国の精神に合致したからである」と。つまり、突然の災害で全てを失い安住の地を求めた時、北海道に根を張って北の防備を固めようと決心したというのだ。「誇りにしていたのは北門の鎖鑰《さやく》。郷を出るときは刀や槍を背負って出た」という移住者の手記もある。

「公」の精神

その「公」の精神はどこに由来するのか。それは畿内ならではの十津川郷の長い歴史と無縁ではないようだ。

十津川郷は修験者の道の途上にあって、世界文化遺産「紀伊山地の霊場と参詣道」の小辺路と大峯奥駈道が通る。壬申の乱で十津川郷民は大海人皇子に従って戦功をあげた。平安時代初期、郷内の玉置

母村から遷された祖霊社内殿

新十津川神社に掲げられている玉置神社の扁額

神社は熊野三山の奥の院として信仰を集め、後白河法皇や和泉式部の参拝記念塔もある。南北朝時代には後醍醐天皇の吉野の行宮《あんぐう》の警備にあたり、大坂の陣では徳川勢で戦って郷士に取り立てられた。

そして幕末、郷士らは京に上り朝廷から菱十《ひしじゅう》の紋章を賜り、禁裏守衛の任に就いた。一八六八年（明治元年）、戊辰戦争では官軍を支援するため長岡城で戦い、郷士八十余名が命を落としている。壬申の乱、南北朝、大坂の陣、そして世界文化遺産の道……。歴史の厚みに圧倒される。

明治時代初期の廃仏毀釈《はいぶつきしゃく》も徹底していた。出雲大社新十津川分院分院長の間宮敏さんいわく、「全国のほとんどの地域で、廃仏毀釈の後に先祖祀りの必要性から寺院が再建されたのですが、十津川郷では寺が再建されず、先祖祀りを神道に変えました。その宗旨として、十津川衆は出雲大社教に入信しました。新十津川町で神道の葬儀が多いのはそのためです」。

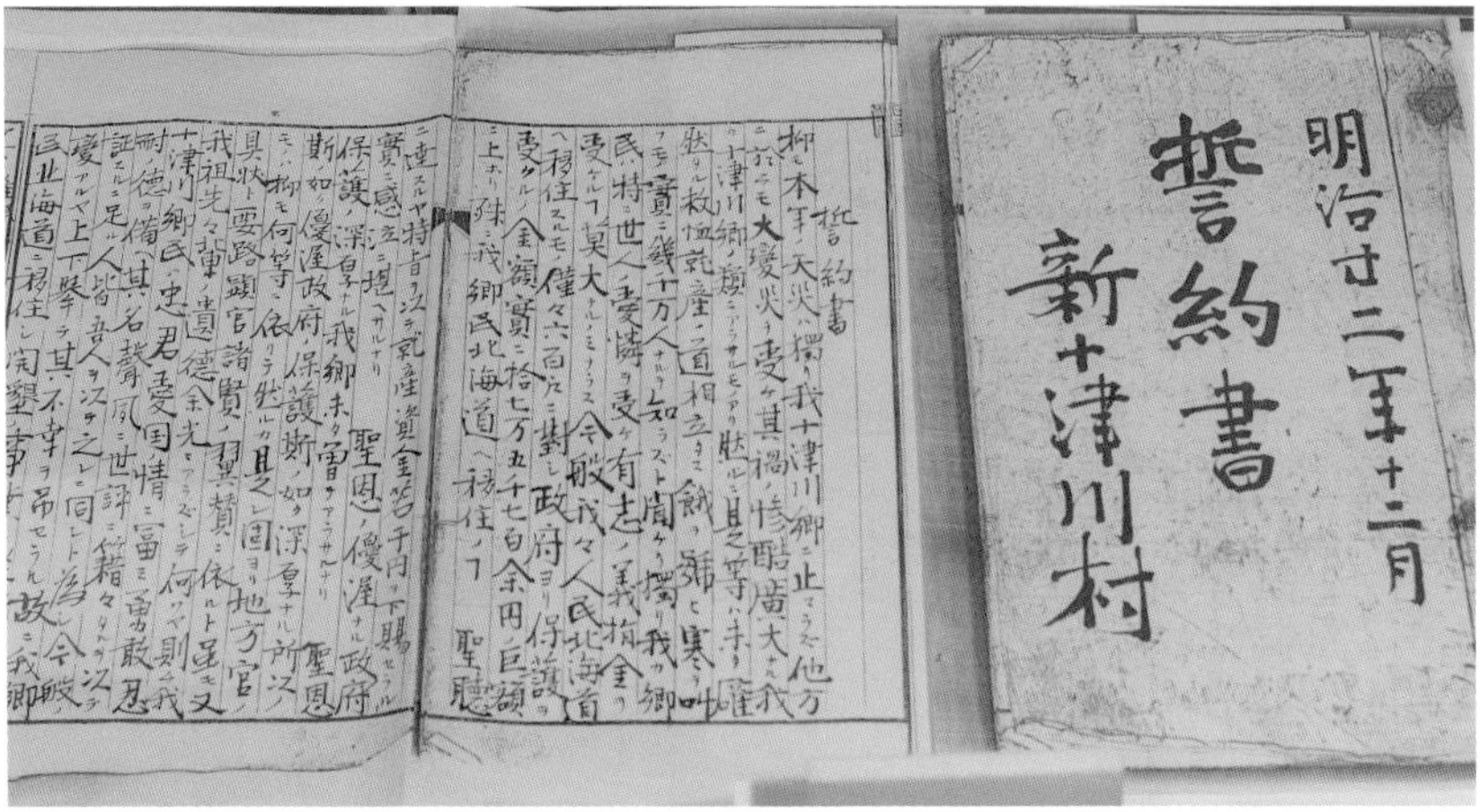

移住の年に七つの誓いを記した「誓約書」。新十津川町開拓記念館に展示されている

「公」の精神と質素倹約、開拓の決意は、来道の冬に立てた七つの誓いに記されている（以下抜粋）。

第一条　由緒ある十津川郷の伝統を引き継ぎ、心を一つにして助け合い、開墾に励まなければならない。

第二条　五千坪以上の開墾が完了するまでは他の仕事に就いてはならない。

第三条　十津川郷から分割した財産や資金は、どのような困難に遭遇することがあっても個人が消費するものではなく、新十津川村の基本財産として村費を支え、教育や産業の振興に役立てることとする。

第四条　開拓にあたっては非常時の覚悟で節倹に努めなければならない。

一、さしあたって必要ないものは買い求めない。

二、住まいは堅牢質素を旨とし、改築や装飾など一切してはならない。

三、一家族のほか二人以上の会席や酒宴をしてはならない。

四、村内で飲食店を開業してはならない。

五、衣服はなるべく木綿を着用する。

第五条　学校を建設し、教育を盛んにし、児童を進学させることを怠ってはならない。

第六条　礼節を重んじ、行儀作法を乱すことは慎む。

第七条　各条の誓約に背く者には訓戒や厳しい処罰があるものとする。

宴の禁が解けた時

開拓が軌道に乗ると、禁を解いて自分たちが作った米で酒を作った。それが一九〇六年（明治三十九年）、今に続く金滴酒造の創業だ。代表取締役社長の名取重和さんは、「おらが酒はおらが作る。開拓

移住5年目、岸尾森直氏が奉納した「玉置神社奉祀の景」は、油絵具で描かれた異色の絵馬。この年、明治天皇の恩賜への御礼で馬鈴薯の献上もでき、生活のめどが立った喜びがあふれている

純米大吟醸酒と大吟醸酒の「金滴」。ラベルはさだまさしさんが揮毫した

精神です。酒蔵というとふつうオーナー企業ですよね。ところが弊社は、九人の出資者と八十一人の賛同者によって株式会社として新十津川酒造が誕生し、戦後に金滴酒造に改称しました」と語る。

　取材時は新酒の仕込み真っ最中。酒米を蒸す湯気がもうもうと上がる中で、若い蔵人たちがきびきびと働いていた。

　創業百周年の時に新十津川産の酒米「吟風」百パーセントの特別純米酒として生まれたのが「新十津川」だ。創業百十年では、十津川村の酒米「吟のさと」と新十津川町の「吟風」で「郷《さと》の心」を作った。「お互いの郷を想う心」と名取さんが言う通り、まろやかでふっくらした味わいで、心の底にぽっと明かりが灯った気がした。

　大吟醸「金滴」のラベルの揮毫《きごう》は歌手のさだまさしさんだ。そこにも物語がある。名取さんいわく、「さださんが阪神・淡路大震災で被災者の支援ボランティアをなさっていた時、ある施設を建てるのに必要な木材を十津川村が全て寄付した

1.もうもうと湯気を上げて米が蒸し上がった。蔵人は約20kgもの蒸米を担ぎ、仕込み蔵まで何往復もして運ぶ。若い蔵人たちは皆、細マッチョだ

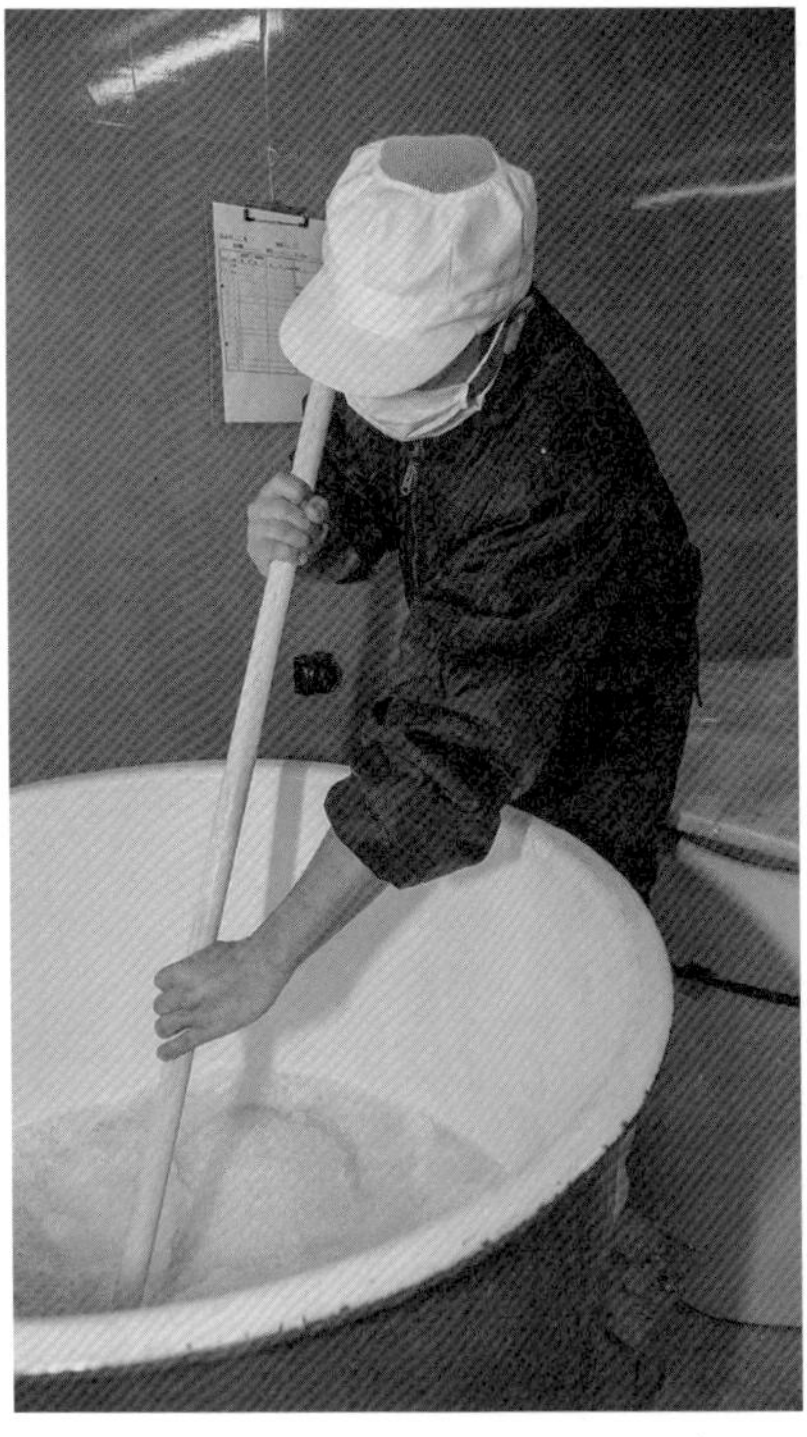

4.丹念に攪拌され、ぷくぷくと生命の息吹を上げる酒母

2.湯気の上がる米をいっせいに広げていく

3.赤ん坊を抱くように麹場へ運ぶ

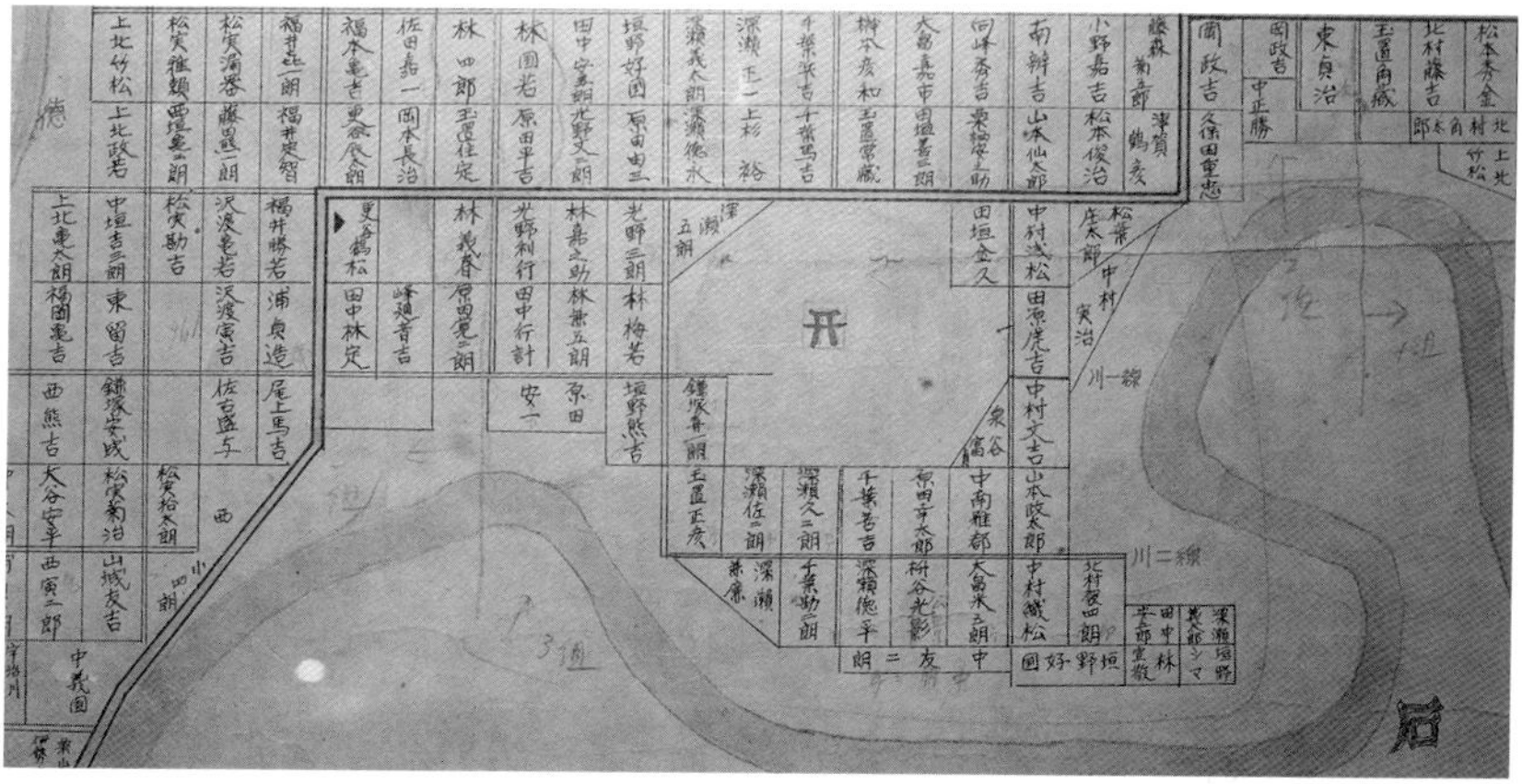

移住当時の区画図。殖民区画は国が開墾にふさわしい土地を選定して移民に入地させる方法で、アメリカ西部開拓が発祥。一戸の耕作面積5町歩、縦150間・横100間で疎居制とする北海道農村の基本形である（新十津川町開拓記念館提供）

んです。なぜかというと、明治二十二年の北海道移住で神戸港を出発する時に、神戸の人たちが手厚く温かく送り出してくれた。その恩返しなんです。驚いたさださんは、十津川村ってどんなところだろうと訪問され、十津川村の観光大使になられ、そのご縁で新十津川町の応援大使にも就任されているんです」。

室岡和宏さんは三十二歳の若き杜氏だ。

「世のなかのトレンドはスッキリ系ですが、あっさりとした中にも味のある深みのあるお酒を作っていきたいです。スッキリしたお酒はあまり米を溶かさない。しかしそれだと薄っぺらい酒になってしまうこともあります。逆に溶けすぎると雑味が出る。加減が難しいです」

麹《こうじ》菌がデンプンを糖に変え、その糖を酵母が食べてアルコールになるのだが、デンプンが糖になる時に米が消費されることを〝溶ける〟というそうだ。

受け継がれる「公」の心

北海道の酒米の最初は一九九八年の「初雫《はつしずく》」だ。その後「吟風」「彗星」「きたしずく」と続く。酒米はタンパク値が低いほど高品質であり、北海道産の酒米は府県産に劣らないタンパク値の低さを誇っている。それにより、道産酒米を使用する酒蔵は全国に増えている。「北海道の酒アワード2021」で、道産酒米を使う十八の酒蔵の中からグランプリに輝いたのが、新十津川

禁じられた宴が解けた時、人々は自らの手で酒を造った。それが金滴酒造のルーツだ

産の酒米「きたしずく」で作った茨城県結城市の結城酒造「結《むすび》ゆい」だった。新十津川町の酒米は道内一の生産量であるばかりか、全国の日本酒を支えているのだ。

新十津川町の酒米の始まりは一九九六年のこと。北海道立中央農業試験場が新しい酒米の栽培適地を探すなか、地元に金滴酒造もあることから名乗りを上げた。二〇〇一年にピンネ酒米生産組合を立ち上げ、十三人、二ヘクタールで作付開始。ＪＡピンネ農産部米穀課課長の笹島康宏さんは「山に囲まれていて荒風が当たらないので暖かい、低タンパクが出現しやすい場所です。徳富《とっぷ》川の清浄な水も使えます」と話す。

ピンネ酒米生産組合の組合長、阪口徳幸さんは十津川郷の西吉野村から移住して四代目。酒米道内一位の秘訣をこう語ってくれた。

「成績発表会で、タンパク値や収穫量の数値を公開し合って、タンパク値を下げるためにこうしようと話し合っています。新十津川町の農家の気質は文武両道の精神で、シャキッとしています。町の教育委員として母村訪問をした時、景色に驚きました。先祖はこんな山国に住んでいたのかと。酒を飲んで交流しました」

阪口さんのいう「数値の公開」は実は簡単なことではないと解説してくれたのはＪＡピンネ農産部部長の奥塚茂樹さんだ。「肥料を多く入れると収穫量は増えますが、タンパク値も上がってしまいます。農家は本来、収穫量を増やしたいもの。でも、高品質の酒米にするために肥料を控えなければならない。だからふつうは農家さん同士で情報共有はしたがらないものです。共に良いものを作ろうとする志が

徳富川に沿って広がるピンネ酒米生産組合の酒米団地で酒米作りに取り組む農家の人々（写真提供＝JAピンネ）

なければできないことです」。ここにも「公」の心があった。

ＪＡピンネではこうした農家の努力に付加価値を高めるべく、酒米を均一に仕上げ、二段乾燥の手間をかける。こうすることで酒蔵は、白米を水に浸ける浸漬の時間を一定にできるし、浸漬の際に米が割れてしまうことも防げる。割れると雑味が出てしまい、それは杜氏が最も嫌うことなのだそうだ。

二〇二一年の新米で新酒ができた金滴酒造に、新しい杉玉が掲げられた。送り主は奈良県十津川村青年部。互いを思う郷の心は「公」の心だ。それは時を超えて続いている。

412号　2022年 6月号

植物の力をいただく —— 北海道・今昔ハーブ紀行

「Lien farm」石田佳奈子氏は仏ハーブ農家へ弟子入りし精油抽出技術を磨いた。「香遊生活」舟山亮真氏は難しい有機栽培でハーブティーなどを販売。中川町では栽培と蒸留が中学生参加で復活。

413号　2022年 7月号

最強クールスポット、「風穴」を探る
—— 大自然が生んだ奇跡の涼

然別湖周辺は日本最大の風穴地帯で氷河期の遺存種・ナキウサギが生息。「とかち鹿追ジオパーク」専門員・金森晶作氏が風穴地帯の地下が永久凍土で日本最古の氷発見を解説。ひがし大雪自然館は風穴周辺の生物の標本が充実。福山市立大学澤田結基教授は風穴のメカニズム、養蚕をはじめ産業との関わりを説く。

414号　2022年 8月号

北緯45度、真夏の湯治 —— 涼しくて、あったかい宗谷・豊富温泉

石油試掘で噴出した豊富温泉。乾癬やアトピー性皮膚炎に悩む人々が仲間を作り楽しみながら療養する「ミライノトウジ」に注目。サポートスタッフも療養者で湯治や温泉仕事での移住者は100人!

415号　2022年 9月号

日本初の学びが、北海道で始まった!
—— 3国立大学が創る「知の拠点」とは?

小樽商科大学・帯広畜産大学・北見工業大学が経営統合し国立大学法人北海道国立大学機構のもと始動。異分野融合、DX人材育成、ビッグデータ活用を学ぶ。

416号　2022年 10月号

艦とサムライと赤れんが —— 木古内・札幌・小樽を巡る歴史散歩

幕末、勝海舟や福沢諭吉を乗せて太平洋を渡った咸臨丸で明治時代に仙台藩白石城主の元臣下が移住し白石村を開き、白石村のれんがで旧手宮鉄道施設や赤れんが庁舎が築かれた。歴史の妙を味わう。

417号　2022年 11月号

北海道・境目の物語 —— 見えないラインに、いのち輝く

津軽海峡を動物分布境界線とするブラキストン・ライン、石狩低地帯を昆虫分布境界線とする河野ライン、宗谷海峡を爬虫類・両生類境界線とする八田ライン、ブナ北限等境目に北海道の豊かさを見る。

418号　2022年 12月号

サウナと大自然で“ととのう” —— 心身をケアする北海道旅

サウナをプロデュースする「ととのえ親方」こと松尾大さんに、免疫力を高め自律神経を整えるサウナ効果を聞く。北こぶし知床ホテル&リゾートや吹上温泉保養センター白銀荘を紹介。

419号　2023年 1月号

闘魂、「下の句かるた」 —— アスリートたちの百人一首

下の句を読み上げ下の句を取る「下の句かるた」。会津若松から開拓者が持ち込んだとされる。エキサイティングな練習を撮影し、全日本下の句歌留多協会大場智裕会長、吉田雅人事務局長に魅力を聞く。

420号　2023年 2月号

雪氷アートに愛を注ぐ
—— 層雲峡温泉氷瀑まつり、千歳・支笏湖氷濤まつり、さっぽろ雪まつりの作り手を訪ねて

大学生が参画する層雲峡、ゼロカーボンを意識する支笏湖、陸上自衛隊がアイスブロック工法を創造したさっぽろ雪まつり。

421号　2023年 3月号

HOKKAIDO BALLPARK F VILLAGEって、どんなところ?
—— 「世界がまだ見ぬボールパーク」の魅力を探る

グラウンドに近い観客席、世界最大級大型ビジョン、最先端ICT技術による臨場感、飲食・サウナ・温泉を楽しみながら観戦できる全貌を案内。

422号　2023年 4月号

小樽運河 百年の遺産 —— 歴史文化をまちの力に

1923年の完成から100年。廣井勇が埋立式を主張して現在の景観が生まれた。工学博士駒木定正氏、『月刊おたる』編集長藤森五月氏、石井印刷会長石井伸和氏に歴史と保存運動の遺産を聞く。

423号　2023年 5月号

北のジャパン・ブルー —— 藍が来た道をたどって

48色もの呼称がある藍。明治時代、徳島県からの技術導入で静内、仁木、伊達、篠路で藍が作られた。だて歴史文化ミュージアム藍染め体験、あいの里の地名が残る北区の篠路藍染協議会の活動ルポ。

424号　2023年 6月号

新しい旅、アドベンチャートラベル —— 内面から変わる心の冒険旅行

アドベンチャートラベルとは欧州・北米・豪州を中心とする富裕層に浸透する旅スタイル。身体的活動で自然・文化に触れ内面から変わる旅だ。北海道運輸局水口猛部長に“四方よし”の理念を学ぶ。

425号　2023年 7月号

花の浮島、礼文島をゆく —— 最北の終着駅のその先へ

稚内から船で約2時間。低地に高山植物が咲く礼文島。北海学園大学佐藤謙名誉教授は特異な高山植物群落を地域の財産という。自然写真家・宮本誠一郎氏の活動、町職員村山誠治博士の思いを聞く。

426号　2023年 8月号

うるわしの東川ライフ —— 農業と家具のまちに住む

隈研吾氏監修協力の「キトウシの森きとろん」開業を前に菊地伸町長が東川町人口増の秘密を語る。移住者で宿を営む正垣氏一家、カフェを営む桐原氏一家、東京と2拠点生活の下田結花氏に魅力を聞く。

427号　2023年 9月号

漁港のヒミツ —— 漁師さんの基地を見に行こう!

歯舞漁業協同組合の新施設は高度に衛生的かつ効率的で一般見学スペースがあり地域防災拠点にもなっている。「第42回 全国豊かな海づくり大会 北海道大会」開催を前に、今ドキの漁港を探検。

428号　2023年 10月号

北の森を究める —— 建物も樹木も、守って活かす

北大苫小牧研究林の最先端研究を北大中村誠宏教授に聞き、森林記念館、資料館を訪問。森林研究・整備機構森林総合研究所林木育種センター「遺伝子110番」、歴史的建造物カフェ【Rinboku】をルポ。

429号　2023年 11月号

縄文の顔を訪ねて —— 遺物が語る北海道の縄文文化

土偶や仮面の顔から縄文の心に触れる。北海道立埋蔵文化財センター長沼孝所長がシャーマン、精霊との関係を、市立函館博物館学芸員佐藤智雄氏は多彩な土偶を生んだ津軽海峡越しの交流を語る。

430号　2023年 12月号

北海道ミュージアムグッズ紀行 —— 愛しきものたちへの旅

ミュージアムグッズ愛好家・大澤夏美氏はグッズを博物館に向かわせるメディアだという。大学院でグッズ開発を行う北大総合博物館湯浅万紀子教授、北野一平助教に取材。道内18館グッズ一挙公開。

392号　(本書P36~に収録)　**2020年 10月号**

「鉄道」を拓いた一番星たち ―― クロフォードのもとに集え!

393号　**2020年 11月号**

野外彫刻と話そう ―― 北海道・街と大地のモニュメント

札幌駅南口駅前広場「牧歌」の本郷新を札幌彫刻美術館寺嶋弘道館長は野外彫刻先駆者と称賛。同館友の会は橋本信夫会長のもと40年間も調査・清掃活動を続ける。旭川彫刻サポート隊活動も詳報。

394号　**2020年 12月号**

大地のルーキー、新規就農 ―― 「なりたい自分」になった人々

浦河町でいちご、新ひだか町でミニトマト、下川町でフルーツトマト栽培に取り組む新規就農者を訪ねる。その背景にはきめ細かな研修体制と支援制度が。自ら人生を選びとった人々は輝いていた。

395号　**2021年 1月号**

みちのくのサムライ、北へ。―― 東北諸藩の蝦夷地警備

ロシア南下に対し幕府は津軽・南部・仙台・秋田・庄内・会津の東北諸藩に警備を命じた。白老仙台藩陣屋跡の偉容、標津・会津藩の奮闘を辿り、庄内藩陣屋大手門を復元した石狩市浜益区を紹介。

396号　**2021年 2月号**

寒い海は地球の心臓♡ ―― 北海道から「国連海洋科学の10年」を考える

SDGs14「海の豊かさを守ろう」を目指す「国連海洋科学の10年」。北太平洋の心臓役を果たすオホーツク海、宇宙からの海洋観測など北大の先駆的研究を東大植松光夫名誉教授談話とともに紹介。

397号　**2021年 3月号**

城下町の明治イノベーション
―― 弘前から北海道へ。大工の神様は何を見た?

棟梁・堀江佐吉は出稼ぎ先の北海道で西洋建築に触れ、旧弘前市立図書館、旧第五十九銀行本店、旧弘前偕行社など秀麗な建築を生んだ。

398号　**2021年 4月号**

渋沢栄一と北海道 ―― 大地に蒔かれた未来への種

「道徳経済合一説」を説いた渋沢栄一は王子製紙、札幌麦酒、函館船渠(函館どつく)などの土台を作った。清水町の礎といえる十勝開墾合資会社に賭けた渋沢の思いを、十勝清水郷土史研究会から学ぶ。

399号　**2021年 5月号**

水は歌うよ♪♬ ―― 農地を潤す流れの秘密

農民の悲願が生んだ大沼からの灌漑用水路、農家が血眼になる代掻き、水温を上げる工夫である勇振川温水ため池の絶景など、春、農地に水という生命を注ぎ込む水路・ため池・頭首工の秘密に迫る。

400号　**2021年 6月号**

勇払原野ハスカップ紀行 ―― 奇跡の果実を分かち合う

ポリフェノール豊富な健康果実。かつて一斗缶を手にハスカップ積みに行く「ガンガン部隊」や沼ノ端小にハスカップ休暇があった。銘菓「よいとまけ」の歴史。厚真町では胆振東部地震復興の支えに。

401号　(本書P116に収録)　**2021年 7月号**

釧路の鉄路120周年 ―― レールがつなぐ道東の大地

402号　**2021年 8月号**

「開拓使時代」を歩く in 札幌
―― 開拓使札幌本庁150周年の夏

東京オリンピック・パラリンピックのマラソンが駆け抜ける札幌。景観の核は150年前に設置された開拓使が築いた。札幌農学校は開拓使が開いた日本初の高等教育機関で札幌農学校第二農場モデルバーンは米国に農業を学ぶ象徴だ。豊平館の設計をした安達喜幸の人物像にも触れ、北海道開拓の村にも開拓使時代の建物を巡る。

403号　**2021年 9月号**

サケ還る ―― 持続可能性への希望をつないで

母川を探り当てるニオイの正体が微生物のアミノ酸と解明。「豊平川さけ科学館」「標津サーモン科学館」「サケのふるさと千歳水族館」の魅力と連携企画、鮭箱アートの「ARAMAKI」を紹介。

404号　**2021年 10月号**

北のスイート・メモリーズ ―― ビートが奏でる北海道史

仙台藩亘理伊達家領主伊達邦成が取り組んだビート栽培は伊達に製糖業を芽生えさせ、陸羯南も勤務した。北海道製糖前庭に日本最古機械が残る。帯広のビート資料館では製糖工程と地域貢献を学ぶ。

405号　**2021年 11月号**

白い聖者たち ―― 北海道ミルク列伝

エドウィン・ダン、町村金弥・敬貴、宇都宮仙太郎、佐藤善七・貢、黒澤酉蔵、出納陽一、太田寛一の人物像を追い、健やかな乳で国民に貢献し、農民の豊かさ実現を目指すミルク王国150年を知る。

406号　**2021年 12月号**

テロワールを生きる
―― ぶどうとワインのまち、余市にて

道内ワイナリー53のうち15が余市町に。最も入手困難な日本ワイン「ドメーヌ タカヒコ」の曽我貴彦氏は出汁のような旨味を追求し「ワインは農家自身の営みの中で作られるもの。風土のポテンシャルを誇りに地域の六次産業化を実現したい」という。「モンガク谷ワイナリー」の木原茂明氏は"循環"を目指す。

407号　(本書P186～に収録)　**2022年 1月号**

七つの誓いが生んだ美酒 ―― 北海道一の酒米の里を訪ねて

408号　**2022年 2月号**

札幌☆開かれた真冬の都市 ―― 冬季オリンピック札幌大会から50年

1972年冬季オリンピック札幌大会では観客輸送に南北線が開業。豊平川を潜る工事ではケーソンを沈下させ最下部で人が土砂を掘った。地下街も誕生。除排雪革命も起きて世界1位の除排雪規模に。

409号　**2022年 3月号**

アートな縄文 ―― 「今」につながる美の脈動

2020年9月号特集後、2021年の世界文化遺産登録を受け、アートを軸に北海道新幹線で縄文旅へ。青森県立美術館、縄文を愛した棟方志功記念館、浅虫温泉「椿館」、八戸市是川縄文館でルポ。

410号　**2022年 4月号**

バチラー八重子、愛を歌う ―― 『若き同族に』の祈り

アイヌ民族のキリスト教伝道者で歌人のバチラー八重子の歌集『若き同族に』に込めた思い。有珠聖公会「バチラー夫妻記念堂」を守るのは八重子に抱かれた赤ん坊だ。掛川源一郎氏の写真で昔日をたどる。

411号　**2022年 5月号**

みんなのジンギスカン鍋
―― 岩見沢で感じるその多様性

「ジン鍋アートミュージアム」は溝口雅明館長の実家を改装し477枚のジン鍋を所蔵。STV明石英一郎氏は「一家に一台」を呼びかけ、「レトロスペース坂」坂一敬館長は職人が脂の流れを計算し尽くしている鍋を熱愛。1920年の網焼きレシピが北村にある。タレ付きか焼いてから付けるかの分水嶺も明らかに。

372号 2019年 2月号

真冬の陰翳礼賛 ―― 534万人が創る灯

札幌が日本新3大夜景都市に、道内18カ所が日本夜景遺産に選出。夜景観光コンベンション・ビューロー代表理事丸々もとお氏は北海道の冬夜景に太鼓判を押す。KEN五島氏のセスナ撮影夜景掲載。

373号 2019年 3月号

日本を変えた鰊
――「東洋のマンチェスター」と春告魚

鰊は西日本へ運ばれ多くの肥料を必要とする綿花・藍・煙草等の栽培を助けた。綿花は繊維産業を隆盛させ、日本が近代工業国に脱皮する礎となり、大阪周辺を「東洋のマンチェスター」に育てる。寿都町の国指定史跡「歌棄佐藤家漁場」には鰊漁の遺構が丸ごと残っている。鰊は日本の土を肥やして日本を変えたのだ。

374号 2019年 4月号

豆好き武四郎の十勝探査 ―― 伊勢国と十勝国、160年の絆

伊勢出身の松浦武四郎による十勝探査を芽室在住の加藤公夫氏が検証。十勝産小豆を使う井村屋グループの助成でたけしろうカンパニーが『自由訳十勝日誌』を出版。探査から160年間の絆をたどる。

375号 2019年 5月号

愛のアスパラ伝 ―― なぜ、「発祥の地」は二つある?

岩内町はアスパラ缶詰発祥において東洋の発祥の地、喜茂別町は本格的アスパラ栽培と生産者による缶詰発祥の地。大正時代の先駆者下田喜久三博士の功績、道内アスパラ収量1位の美瑛農家も訪ねる。

376号 2019年 6月号

風景に染まる旅へ ―― 観光列車で! フットパスで! ウォーキングで!

北海道を走る趣向を凝らした9種の観光列車、「風っこそうや」運行エリアのフットパス「白い道」、ニセコ・洞爺湖周辺、JRヘルシーウォーキングの各コースを通して爽快な初夏を楽しむ旅へ誘う。

377号 2019年 7月号

函館★学びを拓く、科学のまち ―― 安政からAI時代へ

安政期、五稜郭設計者・武田斐三郎の諸術調所に井上勝や前島密ら全国の俊英が集結した。AI時代、公立はこだて未来大学ではシステム情報科学のイノベーションが創出。函館と科学の親和性を探る。

378号 (本書P106~に収録) 2019年 8月号

道東チャシ紀行 ―― アイヌ民族の「砦」を訪ねて

379号 2019年 9月号

スポーツ合宿の聖地を訪ねて ―― アスリートを支える地域の力

北海道ラグビーフットボール協会・津軽敦志理事長、明治大学・丹羽政彦元監督がラグビーを語る。日本一の芝と称される網走市スポーツ・トレーニングフィールド、合宿受け入れ先進地北見市をルポ。

380号 2019年 10月号

北前船が運んだ夢 ―― 寄港地の遺産をたどる

石狩の狛犬、小樽の石造倉庫、余市の絵馬など北前船が寄港地にもたらした遺産を巡り、石黒隆一氏の尽力で進む厚田と岡山県倉敷市の小学生交流を紹介。日本遺産に認定された北前船の軌跡を追う。

381号 (本書P96~に収録) 2019年 11月号

農家の相棒、トラクター ―― 世紀のマシーンと北海道

382号 2019年 12月号

王国の宝を掘り起こせ! ―― 恐竜・古生物化石で、地域きらめく

道教大木村方一名誉教授は化石を地域の子の誇りにと訴える。むかわ町の全身骨格標本を新種恐竜カムイサウルス・ジャポニクスと命名した北大総合博物館小林快次教授は、北海道を化石の聖地と讃える。

383号 2020年 1月号

祈り満ちる大地 ―― 開拓者の神々を訪ねて

『御朱印帳とめぐる北海道の神社70』の梅村敦子氏が登場。道教大村田文江元教授は開拓地の切株神社から信仰の原初的形態を究め、写真家・露口啓二氏は恩穂山四国88カ所霊場をアートとたたえる。

384号 2020年 2月号

真冬のクールビューティ ―― サイエンスが読み解く氷雪の美

豊頃町大津海岸ジュエリーアイス、屈斜路湖フロストフラワー、糠平湖アイスバブルなど、厳冬の美を写真家・山本純一氏の作品で紹介。それらとカーリングのメカニズムを北見工大亀田貴雄教授が解く。

385号 2020年 3月号

義経と弁慶と
―― 津軽海峡を越えた英雄伝説をたどって

全道110カ所以上に残る義経・弁慶伝説をもとに全道マップを掲載。金田一京助はアイヌ民族との関係から、北星学園大学阿部敏夫元教授は説話生成の視点から伝説成立の背景を探る。北海道新幹線利用で青森県・龍馬山義経神社へ赴き、近藤重蔵寄進の御神像が伝わる平取町・義経神社も訪ね、英雄伝説に浸る。

386号 2020年 4月号

ウポポイ(民族共生象徴空間)って、どんなところ?
―― アイヌ文化を知る・学ぶ・食べる・作る・楽しむ

国立アイヌ民族博物館をはじめとするアイヌ文化の復興・発展の拠点となるナショナルセンターの多彩な体験プログラムを紹介。

387号 2020年 5月号

心をつなぐ学び舎 ―― 室蘭・旧絵鞆小学校の奇跡

全国的に希少な2棟の円形校舎が並ぶ旧絵鞆小学校。旧絵鞆小活用プロジェクト代表・三木真由美氏らはクラウドファンディングで安全対策への資金を確保。廃校校舎を活用した道内六つのアート空間も紹介。

388号 2020年 6月号

海の狩人と黄金の刀 ―― オホーツクに息づく壮大な歴史

1500~1000年前、オホーツク海沿岸で海獣狩りを生業としたオホーツク人の痕跡をたどる。オホーツクミュージアムえさし高畠孝宗館長が枝幸高校生発見の黄金色の刀装具と直刀を詳説。

389号 2020年 7月号

悠久を泳ぐクジラ ―― 北海道・鯨類ウォッチング最前線

鯨類の4分の1の種類が往来する北海道。日本クジライルカウォッチング協議会笹森琴絵会長は噴火湾で日本屈指の来遊数を確認。知床ネイチャークルーズ長谷川正人氏は知床のシャチ高密度分布を説く。

390号 2020年 8月号

花と昆虫の生命譜 ―― 大自然を生き抜く小さな知恵者たち

10年かけてやっと開花するコマクサ、成虫になるまで3年かかるウスバキチョウ。北海道の高山帯では極寒強風に耐え生物が命をつないでいる。さっぽろ自然調査館丹羽真一氏がその生存戦略を語る。

391号 2020年 9月号

縄文一万年物語
―― 北海道の遺跡をめぐって

1万年以上の間、狩猟・採集・漁労によって定住生活を実現した縄文文化の時代。世界文化遺産への登録を目指すのが北海道・北東北の縄文遺跡群だ。道庁世界遺産推進室阿部千春氏に道内遺跡の特徴を、縄文世界遺産研究室を設ける札幌国際大学の越田賢一郎教授(室長)に森と海の恵み満ちる豊かな生活文化を聞く。

352号 2017年 6月号

ようこそ、野鳥ワールドへ！ —— 達人秘話からアイドルまで

紳士淑女が集った昭和初期の探鳥会からThe Bird Watching Caféの魅力まで。エコ・ネットワーク代表・小川巌氏、『faura』編集長で写真家の大橋弘一氏、写真家・嶋田忠氏の野鳥愛を伝える。

353号 2017年 7月号

カルデラ巡礼 —— 阿寒国立公園で「惑星地球」を観光する

阿寒・屈斜路・摩周の3カルデラを擁する阿寒国立公園。生成中の酸化マンガン鉱床は世界唯一、屈斜路カルデラは世界屈指の大きさだ。乱開発から森を守った前田一歩園財団の功績をたどる。

354号 2017年 8月号

ぐるっと海岸線ミラクル紀行 —— 境目のドラマを求めて

北海道の海岸線距離は日本列島の長さに匹敵し奇跡がいっぱい。北大渡部靖憲准教授が砕波の働きを、松田義章氏が小樽赤岩の金鉱床を、北大室蘭臨海実験所本村泰三教授が藻類と文明の関係を紐解く。

355号 2017年 9月号

インフラ・ツーリズムのときめき —— 巨大キリンと、新旧ダムの秘密を追う

苫小牧港は世界初大規模砂浜掘込港湾で、キリンに似たガントリークレーンが屹立。夕張シューパロダム155m上流には旧ダムが沈んでいる。道教大今尚之准教授はインフラから思考する意義を説く。

356号 2017年 10月号

サッポロバレーから「No Maps」へ
—— 地図なき未来を拓くクリエイティブ・マインド

実行委員の北大山本強特任教授はサッポロバレーを主導してきた。クリプトン・フューチャー・メディア㈱伊藤博之社長に初音ミク誕生10年を問う。

357号 2017年 11月号

カボチャの魔法使いたち —— 作付面積日本一の町、和寒で続く挑戦

市町村別カボチャ作付面積全国1位。藤女子大中河原俊治教授によると、高機能性のストライプペポの種はミネラル豊富で食物アレルギーも起こりにくい。農家・企業・行政一体で商品化が進む。

358号 2017年 12月号

ブラキストンと弥永芳子 —— お騒がせ男と大正女子の探求人生

津軽海峡を動物分布境界線としたブラキストンは幕末明治の実業家。生一本な性格に惹かれ評伝を書いた弥永芳子氏は大正生まれの金属史研究者。コレクションを北海道博物館に寄贈した記念展も取材。

359号 2018年 1月号

硬派&軟派で、街はできている —— 石造都市・札幌の150年

札幌本府建設開始から150年。豊平川左岸で採掘される札幌硬石は都市の土台に、右岸の札幌軟石は建材として街を彩ってきた。石工技術を伝える札幌市立藻岩南小資料室、大迫力の採掘場をルポ。

360号 2018年 2月号

写真で見つける素顔の知床 —— 石川直樹、「冒険」のゆくえ

「写真ゼロ番地知床」(斜里町)は地元の魅力を発見・発信するプロジェクト。7大陸最年少最高峰登頂はじめ地球を旅しながら創作する写真家・石川直樹氏の「生きていることが冒険」は心に染みる。

361号 2018年 3月号

シネマの花咲く、最先端 —— 映画「北の桜守」が描いた母子の春

「北の桜守」は吉永小百合の北の3部作最終章。樺太引き揚げの母子の物語で宗谷丘陵、抜海駅、北防波堤ドーム等稚内市内15カ所で撮影。滝田洋二郎監督は鉄道シーンにさまざまな意味を込めた。

363号 2018年 5月号

旅するお殿さま —— はるかなる参勤交代

松前藩主の参勤交代は直線距離で900㎞以上。ルートは北海道新幹線、東北新幹線と重なり青森県には見事な松並木の松前街道が残る。古道を殿様街道と名付けて地域振興を図る福島町を訪ねる。

362号 2018年 4月号

宇宙の開拓者たち
—— 大気球とロケットの新天地、北海道

KAMUI型ハイブリッドロケット打ち上げ実験、JAXAによる大気球放球実験、インターステラテクノロジズ㈱のMOMO打ち上げ…。大樹町は宇宙への最前線だ。北大永田晴紀教授はロケット発射の観点から北海道の優位性を、年1万人以上の見学者を迎える赤平市の植松電機植松努社長はチャレンジ精神を説く。

364号 2018年 6月号

知里幸恵、愛の言葉 —— 『アイヌ神謡集』の奇跡

金田一京助の助言で『アイヌ神謡集』を執筆した知里幸恵は、直後に19歳で夭逝。「知里幸恵 銀のしずく記念館」、旭川市立北門中学校知里幸恵資料室で生涯をたどる。

365号 (本書P146~に収録) 2018年 7月号

川を究めた武四郎 —— いにしえの“リバー・クルーズ”

366号 2018年 8月号

函館は一日にして成らず！ —— 地形・資源・技術が生んだモダン都市

砂州にできた明治大正期の北海道最大都市・函館。上水道整備・耐火建築を担うセメント供給元の太平洋セメント上磯工場(日本最古稼働セメント工場)、峩朗鉱山、函館湾岸価値創造PJを渾身ルポ。

367号 2018年 9月号

人生100年時代の未来図 —— Iターン、Uターンで見つけた「北海道」

まちづくりに乗り出した中富良野町のカフェ「ピースガーデン」、生産者の傍で料理したいと札幌から東川町に移った「ヴレ」のシェフ、黒松内町に根を張った「和生菓子すずや」の決断と実践を追う。

368号 2018年 10月号

“三方よし”のトウキビ革命 —— 土よし、食よし、景観よし

道内トウモロコシの約8割はデントコーン。未熟収穫で飼料になるが、完熟させると安心安全なコーンスターチができ、道産100%菓子が実現する。道総研食品加工研究センターと製菓会社の挑戦。

369号 2018年 11月号

創成川イーストと“西郷どん” —— 明治維新が息づくまち

苗穂駅新駅舎開業で活気増す創成川東。開拓期以来、旧薩摩藩士が主導したこの地域で、島津斉彬の蝦夷地構想とサッポロファクトリー、ビール博物館、旧永山武四郎邸の縁をたどる。

370号 2018年 12月号

「炭鉄港」が、熱い！
—— 近代北海道150年の脈動をたどって

「炭鉄港」とは空知の石炭、石炭を使った室蘭の製鉄、石炭を積み出した小樽港・室蘭港、その全てをつないだ鉄道の頭文字。赤平市炭鉱遺産ガイダンス施設、三笠市立博物館野外博物館、日本製鋼所、JR北海道岩見沢レールセンター取材からNPO法人炭鉱の記憶推進事業団理事長吉岡宏高氏の至言を心に刻む。

371号 2019年 1月号

時を超える昆布 —— ユネスコ無形文化遺産「和食」を支える北海の恵み

ミネラル豊富、脂質吸収抑制、腸内環境整備、免疫力強化する昆布は和食の基本であり古からの国際商品。だしソムリエ金子由美氏、ナナクラ昆布木村真依子氏、北大四ツ倉典滋准教授から偉大さを学ぶ。

330号 2015年 8月号

火山島・利尻、謎解き風景紀行 ── マグマと水の道をたどって

約4万年前に火山活動で生まれた利尻島は溶岩ドーム、テュムラス、スコリアラフト、マール等、火山地形の宝庫。火山岩が磨いた水は甘露泉水、長寿乃泉水、麗峰湧水となり、海中では昆布を育む。

331号 2015年 9月号

「蕎麦」と「ソバ」 ── 生産量日本一、北海道の今を味わう

全国生産4割のソバ産地北海道。500軒以上を食べ歩いた渡辺克己氏が推す「淳真」と、幌加内のそば打ち道場をルポ。農研機構北海道農業研究センターはルチン含有量の多い育種を進めている。

332号 2015年 10月号

ワイン現地主義 ── 空知のワイナリーで「テロワール」を想う

NPO法人ワインクラスター北海道の阿部眞久氏は受賞が続く2015年を北海道ワインの記念年という。宝水ワイナリー、山崎ワイナリー、10Rワイナリー、コンドウヴィンヤードを訪ねる。

333号 2015年 11月号

語り始める建物たち ── 歴史的建造物で地域を変える

士別市朝日町・旧佐藤医院を活用した地域振興を切り口に、角幸博北大名誉教授を中心とする歴史的建造物保存活用のプロフェッショナル集団、NPO歴史的地域資産研究機構（れきけん）の活動を伝える。

334号 （本書P46～に収録） 2015年 12月号

エドウィン・ダンの「日本愛」 ── 牧畜、外交、石油ー多彩に生きた近代の使者

335号 2016年 1月号

小樽に根づく北前船ネットワーク ── 石造倉庫、銀行、お菓子の意外なルーツ

最盛期の北前船は巨額の利益をもたらした。北陸の北前船主集落出身の小樽商科大学学術研究員高野宏康博士と小樽を歩き、石造倉庫、銀行、お菓子のルーツをたどる。

336号 2016年 2月号

シロハヤブサ、疾走する ── 北海道新幹線シンボルマークと極北の野生

北海道新幹線のシンボルマークはシロハヤブサ。デザイナーの福田哲夫氏、一郎氏は、スピード感と北海道らしさを込めたという。サロベツ原野で富士元寿彦氏が、道南で岩田真知氏が撮影する姿を掲載。第2特集はGLAY。

337号 2016年 3月号

北海道新幹線、津軽海峡を越えて
── 海底の鉄路「青函トンネル」とH5系車両

海底トンネル構想は大正時代に始まり、1954年台風による洞爺丸事故で悲願となった。異常出水やF10断層に苦しみつつ、先進ボーリング・注入・吹付コンクリート技術に支えられ1988年青函トンネル開通。北海道新幹線H5系車両は内外装に北海道の旅へのときめきを満載し、疾走する。

338号 2016年 4月号

三つの駅舎の物語
── 北海道新幹線「新函館北斗駅」・「木古内駅」・「奥津軽いまべつ駅」・から始まる旅

トラピスト修道院の並木、道南スギ、青森ヒバと伝統芸能「荒馬踊り」。それぞれをモチーフにした各駅から旅が始まる。

339号 （本書P86～に収録） 2016年 5月号

インバウンドの先がけ、イザベラ・バード ── 英国人女性旅行家が見た明治日本

340号 2016年 6月号

国土を測る、北海道を測る ── 伊能忠敬から衛星測位システムまで

伊能忠敬は地球の大きさを知るため江戸と蝦夷地間を測り全国測量につながった。苫小牧～鵡川間では日本初の三角測量が行われ、青函トンネル開通で国土の最低地点が－256.5674mになった。

341号 2016年 7月号

〈北海道らしさ〉が磨くガーデン ── 挑戦する緑のクリエーターたち

1976年旧国鉄カレンダー掲載のラベンダー畑から上野ファーム、イコロの森、大雪森のガーデン、十勝ヒルズ、札幌エスタ「そらのガーデン」、あさひかわ北彩都ガーデンまで、作り手に聞く。

342号 2016年 8月号

天空の水辺を訪ねて ── 松山湿原・浮島湿原・雨竜沼湿原の池溏に憩う

3湿原の共通点は湿原の発達段階分類で高層湿原であること、山岳湿原で池溏を有すること。自ら飛行機を操縦して上空から湿原を分析する岡田操氏に池溏のメカニズムを聞き、各湿原の絶景を紹介。

343号 2016年 9月号

ハイブリッドな貴婦人、豊平館 ── 時を超えた和魂洋才の美

ウルトラマリンブルーに縁どられた白亜の貴婦人・豊平館を開拓使建築の最高峰と角幸博北大名誉教授は言う。昭和大改修を経て最新技術のハイブリッドで平成に蘇った美を大林組・青田晴氏が語る。

344号 2016年 10月号

釧路市立博物館80周年のきらめき ── 地域に生きる博学の城

製紙工場勤務の傍ら、片岡新助氏は博物館の必要性を説き、自身のコレクションを寄贈し初代館長を務めた。創立80周年の2016年、片岡コレクションのアイヌ民族木綿衣が世界最古級と認定された。

345号 2016年 11月号

始まっているエゾシカ活用新時代 ── 北海道だから示せる野生との共存

酪農学園大学吉田剛司教授は生態系への影響を懸念し、伊吾田宏正准教授は狩猟者育成に取り組む。高瀬季里子氏は革バッグ製作、JRタワーホテル日航札幌「ミクニ サッポロ」は北海道ジビエを提唱。

346号 2016年 12月号

あなたは啄木派？　それとも賢治派？
── 函館から東北へ　青春の軌跡を追って

石川啄木と宮沢賢治。イメージは対照的だが、ともに盛岡中学（現・盛岡一高）出身で早世した。啄木が暮らした函館から北海道新幹線で2人の青春をたどる。

347号 2017年 1月号

米を味わう道産酒 ── 王者「山田錦」への挑戦

吟風、彗星、きたしずく。道総研中央農業試験場が育種した北海道産酒米が躍進している。食用米より粒が大きく、心白があるのが特徴。道産酒米を使う二世古酒造、小林酒造で道産米への思いを聞く。

348号 2017年 2月号

ジャンプ少年団、世界の空へ ── 故郷が育むトップ・アスリート

2017冬季アジア札幌大会でウィンタースポーツへの関心が高まっている。オリンピック選手が多数誕生する下川町、上川町に共通するのがジャンプ少年団の存在。世界を夢見る少年少女を追った。

349号 2017年 3月号

北海道新幹線から始まる桜花物語
── 歴史奏でる「みちのく三大桜」と五稜郭を訪ねて

青森のリンゴの祖・菊池楯衛が植えた桜が始まりの弘前、武家屋敷のシダレザクラが美しい角館、阿倍比羅夫が陣を張った伝説が残る北上展勝地。

350号 2017年 4月号

「知」の海へ漕ぎ出そう！ ── 駅近図書館とユニーク書店主に導かれて

北見駅との連絡通路直結で利用者が3倍強に増えた北見市立中央図書館は、明治生まれの商人・名塩良造が礎を築いた。砂川駅近くの1万円本選書いわた書店、書棚編集を工夫する幕別町図書館もルポ。

351号 2017年 5月号

監獄で人間を学ぶ ── 博物館「網走監獄」探訪記

網走刑務所は建て替えのたび移築した建物からなる。重要文化財の建築、戦後食糧難に農園の収穫を市民に分け与えた絆に市民は深い愛着を抱く。刑罰・監視システムをM.フーコーの思想からも考察。

310号 2013年 12月号

イコン画家・山下りんと北海道 ―― 無名の型破り人生が残したもの

イコンとは、正教会で礼拝に使われるキリストやマリアの聖画像。幕末生まれの山下りんは女性で初めてロシア留学し、日本人初のイコン画家となった。りんのイコンを福盛田俊氏の壮麗な写真で伝える。

311号 2014年 1月号

生きている「ヤマ」 ―― 釧路・海底炭鉱、男たちの誇りとともに

日本唯一の坑内掘り炭鉱「釧路コールマイン」。釧路市立博物館学芸員の石川孝織氏に、炭鉱が釧路にもたらした遺産を聞く。坑内では静電気はタブー、取材は木綿の股引に履き替え、海底深く潜入した。

312号 （本書P156～に収録） 2014年 2月号

小説『氷点』、50年の進化 ―― 三浦綾子の街、旭川にて

313号 2014年 3月号

天塩川早春物語 ―― 名画「冬山造材」に導かれて

赤れんが庁舎掲額の田辺三重松の絵画から天塩川歴史資料館を訪ね、北海道おといねっぷ美術工芸高校で木と向き合う若者に出会う。歴史家・大濱徹也氏が、厳しい労働を支えた山の信仰を読み解く。

314号 2014年 4月号

古里映画の古里おこし
―― 大林宣彦監督と「星の降る里芦別映画学校」、20年の実り

芦別を舞台にした映画「野のなななのか」は大林宣彦監督と芦別市民が20年間続けた「星の降る里芦別映画学校」の成果だ。

315号 2014年 5月号

開幕、嵐山劇場 ―― 旭川市北邦野草園と「北の嵐山」の春

北海道古来の野草が花咲く北邦野草園。堀江健二園長は神居古潭で新種カムイレイジンソウを発見した蛇紋岩植物の権威。「北の嵐山」の大雪窯、ゆかり陶房、千尋窯、染あとりえ草創の芸術家も訪問。

316号 2014年 6月号

ポロクルで巡る、レトロ&フューチャー札幌 ―― 自転車シェアシステムが開く小さな旅

ポロクルは地域活性化、エコに寄与する自転車シェアするシステム。大五ビル、札幌市資料館、第2三谷ビル、山鼻屯田記念会館、大場豆腐店を巡るレトロ自転車旅が未来的な市電新型車両と交錯する。

317号 2014年 7月号

牧草ロールの秘密 ―― 偉大なる草食系に寄り添って

牧草ロールには乾物系とロールベールラップサイロの中で乳酸発酵する漬物系がある。酪農学園大学干場信司学長は40年前、後者の誕生に立ち合った。中標津町佐伯農場の牧草ロールアートも訪問。

318号 2014年 8月号

神々の庭に遊んだ明治男子 ―― 大雪山探検時代と小泉秀雄

小泉岳の名の主、旧制上川中学（現・旭川東高）教師・小泉秀雄は大雪山の植物分布や火山生成分類を調べ、約16万点の植物標本を作製。山岳探検史の宝庫、大雪山への功績を清水敏一氏に聞く。

319号 2014年 9月号

馬産地日高の夢舞台、ホッカイドウ競馬 ―― 新時代開く合言葉は"フレッシュ"

日本競走馬生産の95%を担う日高・胆振。ホッカイドウ競馬は馬産地のセーフティネットでありつつ中央競馬のスター、コスモバルクも輩出。小学校教師遠藤久仁氏と伊藤千尋騎手との運命の出会いも。

321号 2014年 11月号

北海道初アンチエイジング ―― 新しい宝、機能性素材を掘り出せ!

旭川医大若宮伸隆教授、道食品加工研究センター、㈱アミノアップ化学・藤井創社長、北海道情報大学西平順教授にアンチエイジングの鍵・抗酸化物質ポリフェノールやイソフラボンの効用などを聞く。

320号 2014年 10月号

余市リンゴとコスモポリタン
―― "マッサン"を支えた果実の秘密

お雇い外国人ルイス・ベーマーが教えた旧会津藩士が余市リンゴを育て、そのリンゴがニッカウヰスキー創業者・竹鶴政孝のウイスキー製造の運転資金を支えた。ベーマーの功績を研究するベーマー会が明らかにしたマッサン、妻リタ、ベーマーらコスモポリタンの系譜と、リンゴ古木「緋の衣」に宿る武士道の物語。

322号 2014年 12月号

缶詰いにしえ五都紀行 ―― 石狩・別海・根室・紋別・小樽をめぐって

クラーク博士も缶詰を試作した石狩、「北の勝」蔵元の碓氷勝三郎商店がカニ缶製造し外貨獲得に貢献した根室、山田雅也氏が、『蟹工船』の鬼監督を探求する紋別、北海製罐工場のある小樽を訪ねる。

323号 2015年 1月号

文学に集う、文学が集う
―― 北海道立文学館の20周年と特別展「小檜山博の文学」

道民運動の盛り上がりで北海道立文学館が誕生し、20年。池澤夏樹館長は「文学を通して北海道を探求したい」と語る。特別展「小檜山博の文学」が開催中の小檜山博氏の書斎を訪ね、風土の風圧を受けながら書き続けるという作家の決意に触れた。小檜山文学を心の糧とする「小檜山文学を読む会」の活動にも密着。

324号 2015年 2月号

アザラシと人類、宿命を生きる ―― 豊饒なる氷海の興亡

人類が北緯70度以北に進出できたのはアザラシが肉と毛皮を差し出してくれたからこそ。北海道立北方民族博物館笹倉いる美氏に北方民族の衣食住を、東京農大小林万里教授に漁業との共生を聞く。

325号 2015年 3月号

仰げば尊し、カラマツの恩 ―― 未来を開く地域資源活用

炭鉱閉山、鉄骨コンクリート台頭でカラマツ需要が激減。道総研林産試験場のコアドライ技術はカラマツ利用を進め、道総研北方建築総合研究所の住宅への活用と相まって山村活性化に貢献する。

326号 2015年 4月号

鬼才、松浦武四郎 ―― 「北海道の名付け親」が見た涅槃とは

「北加伊道」を考案した武四郎。北海道出版企画センター野澤緯三男社長は出版で武四郎研究を牽引し、北海道博物館三浦泰之氏は幕末志士との交流を解明。河鍋暁斎「武四郎涅槃図」は収集家ぶりも。

327号 2015年 5月号

春に謳うホタテ ―― 三海が育む北海道のエース

北海道漁業生産額トップのホタテ。厚い貝柱と種苗生産の日本海、濃厚な味で柔らかい噴火湾、歯ごたえがあり自然な甘みのオホーツク海。噴火湾ホタテ養殖発祥の地・礼文華で暁闇の水揚げを撮影。

328号 2015年 6月号

海峡がつないだ縄文ネットワーク
―― 世界遺産登録をめざす「北海道・北東北の縄文遺跡群」

国内唯一の平取町産アオトラ石は世界遺産を目指す三内丸山遺跡で重用された。礫石器集中遺跡のある北黄金貝塚も訪ねる。

329号 2015年 7月号

科学で拓く津軽海峡 ―― 潜水艇くろしお号から最先端イカ学まで

世界初イカの人工授精に成功した北大桜井泰憲特任教授に最先端イカ学を聞き、福島町青函トンネル記念館に北大潜水艇くろしおⅡ号を訪ねる。戦艦大和設計者が設計したⅠ号から学術と漁業振興に貢献。

291号 2012年 5月号

共生の砦、ウトナイ湖 —— 人と野生のはざまに輝く

ウトナイ湖野生鳥獣保護センター、ウトナイ湖サンクチュアリネイチャーセンターを訪ね、野鳥保護最前線をルポ。明治大正期にドイツ皇帝が激賞した動物採集家・折居彪二郎の功績と苦悩にも触れる。

292号 2012年 6月号

米どころ石狩平野を造った仰天発想
—— 水と土を司る、「土地改良」のダイナミズム

1922年に造られた全長約80kmの北海幹線用水路は農業専用用水路として日本最長だった。泥炭地改良の苦労を泥炭地資料館で学ぶ。

293号 2012年 7月号

移りゆく運命を繋ぎ止める —— 原生花園、一期一会の美

高山帯の花が海岸で咲くオホーツク海沿岸の原生花園。その維持には牛馬や野火による攪乱が必要だ。日本唯一の火を操る生態学者・津田智氏の指導で行われる野焼き、吉田類氏の原生花園吟行をルポ。

294号 2012年 8月号

緑のガラパゴス、奥尻島 —— 境界線上に浮かぶ、ブナの島の不思議

ヒグマのいない奥尻島ではタヌキが百獣の王だ。ブナの森の栄養が海を豊かにしウニ、アワビの宝庫に。青苗遺跡、日本屈指の大きさの勾玉、離島北限の稲作、海で交流した文化の壮大な歴史をたどる。

295号 2012年 9月号

古道をめぐる時間旅行 —— 歴史ヒーローが歩いた猿留山道を訪ねて

険しい襟裳岬を避け山中に開かれた猿留山道は近藤重蔵、最上徳内、伊能忠敬、松浦武四郎、ルイス・ベーマー、依田勉三らが歩いた。道を復旧維持する地元ボランティア、増毛山道の取り組みも紹介。

296号 2012年 10月号

「札幌黄」をめぐる冒険 —— 伝統のタマネギに魅せられて

札幌は日本のタマネギ栽培草創の地。明治初期、札幌農学校教授ブルックスが札幌黄の原種の栽培を指導した。札幌黄はスローフード協会の「味の箱舟」に登録。札幌黄を使ったカレー店、加工食品も登場。

297号 2012年 11月号

大正モダンシティの青春
—— 日本中を熱狂させたモダンボーイの故郷、函館

1920～30年代のモダニズム文学界に燦然と輝く牧逸馬・水谷準・久生十蘭は函館中学(現・北海道函館中部高校)の同窓。道教大函館校小林真二准教授が都市景観と文学の関係をひもとく。函館は卓越した経済力と防火意識から大正時代にコンクリート建築がいち早く広まり、銀座に匹敵するコンクリート都市だった。

298号 2012年 12月号

映画が照らす北の大地 —— 「北の映像ミュージアム」が見る夢

「駅 STATION」など北海道をロケ地とした映画は400本以上。北の映像ミュージアム館長兼理事長・小檜山博氏、NPO法人北の映像ミュージアム事務局長・和田由美氏が北の映画愛を語る。

299号 2013年 1月号

SURIMI 誕生秘話 —— スケトウダラを変えた世紀の発明

蒲鉾など魚肉練製品に欠かせない冷凍すり身開発はノーベル賞級ともカップ麺発明に匹敵するとも。道総研中央水産試験場は苦難の末1960年特許登録し、国際商材「SURIMI」が世界へ羽ばたいた。

300号 2013年 2月号

パウダースノーの王国 —— ニセコの至宝に抱かれて

写真家・渡辺洋一氏は競技スキーを極め、世界トッププロに同行した経験からニセコの魅力を説く。アウトドアマンの新谷暁生氏はコース外滑走の遭難者救助、雪崩情報発信で安全への砦となっている。

301号 2013年 3月号

未来を生きるサムライ、新渡戸稲造
—— 響き合う武士道と国際交流

札幌農学校二期生で『武士道』の著者でもある新渡戸稲造は国際連盟事務次長として世界平和に尽力。北大総長・佐伯浩氏が世界標準の人材育成システム新渡戸カレッジ始動の意義を語る。さらに留学生家族を支援する北海道大学国際婦人交流会(IWC)会長・佐伯公子氏への取材から新渡戸スピリッツの進化をたどる。

302号 2013年 4月号

ペリーの置き土産 —— 箱館・外国人居留地の面影をたどって

1854年、現・大町電停徒歩2分の場所から上陸したペリーの湾内測量、音楽会、植物採集、買い物など足跡を追う。はこだて外国人居留地研究会の研究成果と箱館に始まった北海道の英学もルポ。

303号 2013年 5月号

子どもにもオトナにも効く、絵本の力
—— 映画「じんじん」の舞台、剣淵町を訪ねて

無骨な男たちが剣淵町で始めた絵本の里づくりに感激した俳優・大地康雄氏が作った映画。道教大高橋亜希子准教授は学生教育に絵本を活用。

304号 2013年 6月号

美瑛に根づく、おいしい循環 —— 丘の宿と、隠れ家と

「豆が売れない」という農家の声を聞いた宿の女性たちが、豆をテーマに料理を持ち寄りランチ会を開催。豆のおいしさアピールに乗り出した。農村景観にひかれた移住者が農業に感謝し観光貢献する。

305号 2013年 7月号

「樽僑」と呼ばれた男たち —— 小樽豪商の夢に酔う

商都小樽の豪商たちは華僑ならぬ「樽僑」と呼ばれた。北の誉酒造の創業者・野口吉次郎を父にもつ喜一郎が1922年に建てたアールデコの和光荘、料亭「海陽亭」を訪ね豪商の威光をたどる。

306号 2013年 8月号

いざ、至福の自転車旅へ —— 気ままに走って、北海道を味わい尽くす

普通列車の輪行で「寂旅」を実践する長谷川哲氏、選手実績をもとにツアー事業展開する手塚裕也氏、女性対象ロードバイクツアーの高橋香氏、全長212kmオホーツクサイクリングなど、花開く自転車旅!

307号 2013年 9月号

大地の匠を訪ねて —— 「十勝平野」「石狩平野」「サロベツ原野」に根ざす技

メカ馬ことトラクターが重いそりを引くレース「国際トラクターBANBA」の人馬一体、カスタマイズが売りの農機具メーカー、石狩平野の地下水制御システム、サロベツ原野を守る酪農家を訪ねる。

308号 2013年 10月号

季節のワンシーンを「描く」
—— 藤倉英幸の創作世界を訪ねて

さまざまな紙を貼り合わせて描かれる『The JR Hokkaido』の表紙。取材同行でわかったのは絶景ポイントではない、ありふれた風景に立ち止まる藤倉氏の姿だ。ちぎる、切る、はがす、塗るを通して繊細な情感を紙に盛り込む。北海道の本質を描き出し、郷愁をそそる創作世界の秘密に迫る。

309号 2013年 11月号

フクロウたちの森 —— 森の守護人と、狩りの神と

北海道のみに生息する絶滅危惧IA類シマフクロウ。北洋銀行会長横内龍三氏ら北海道シマフクロウの会、保護に尽力する山本純郎氏、札幌大学早矢仕有子教授の研究、渡邊松子氏の写真で魅力深掘り。

273号　2010年 11月号

石狩河口繁盛記 ―― 縄文サケ漁からハイカラ外輪船まで

縄文時代に日本最大のサケ捕獲施設が造られ、江戸時代は干しサケ集積地、明治は外輪船の拠点に。ミカドチョウザメが生息し、元禄創建の石狩弁天社は鮫様を信仰。いしかり砂丘の風資料館で聞く。

274号　2010年 12月号

伊達家武士道のルーツを探る ―― 北海道当別、みちのく岩出山・鳴子温泉を訪ねて

戊辰戦争敗戦で仙台藩岩出山伊達家の禄は現代換算で10億円から400万円に激減。伊達邦直は開拓者となり当別町を拓いた。伊達邸別邸（現・当別伊達記念館）、岩出山の国指定史跡「有備館」を探訪。

275号　2011年 1月号

雪華サイエンス物語 ―― 中谷宇吉郎アンヌプリ実験と、結晶の科学

世界初人工雪生成の中谷宇吉郎が戦時下アンヌプリ頂上で戦闘機着氷実験を行っていた。詳細を北大名誉教授・菊地勝弘氏に、最新結晶研究を北大低温研・古川義純教授に聞く。機体は倶知安風土館で展示。

276号　2011年 2月号

十勝・スケート王国の揺りかご ―― メダリスト育てる愛情リンク

スピードスケートオリンピック選手が輩出する十勝。練習の舞台は校庭に水をまいて作る陸リンクだ。極寒の夜、池田町立利別小の製作過程に密着。道内初の屋内スピードスケート専用リンクもルポ。

277号　2011年 3月号

魅惑の狩人、ハヤブサ ―― 重工業都市・室蘭に舞う絶滅危惧種

地球岬周辺は日本屈指のハヤブサ密集地。獲物を狙って降下する速さは時速300kmを超える。30年以上ハヤブサを追う写真家・熊谷勝氏が鉄の街に隣接する濃密な自然と気高い猛禽の姿を伝える。

278号　2011年 4月号

心を開拓する少年たち ―― 北海道家庭学校、留岡幸助の理想を求めて

国内唯一の民間男子児童自立支援施設「北海道家庭学校」は、空知集治監の教誨師も務めた留岡幸助が家庭教育の重要性に鑑み1914年に設立。礼拝堂に抱かれ、流汗悟道の実践が少年の心を耕す。

279号　2011年 5月号

植物の教えで健やかに ―― 当別・名寄・札幌、北の薬草を究める

北海道医療大薬学部の堀田清准教授は当別に里山を復活し、植物写真で人を癒やす。名寄では医薬基盤研究所薬用植物資源研究センターが、札幌では道立衛生研究所が薬草を究める。北の植物が人を救う。

280号　2011年 6月号

茂吉のセンチメンタルジャーニー
―― 兄を慕ってアンモナイトの谷へ

1932年、近代短歌の巨星・斎藤茂吉が中川村志文内（現・中川町共和）で拓殖医を務める兄・守谷富太郎を訪ねた。東京で大病院の婿になった茂吉と僻地医療に身を削る富太郎。「ひと寝入り せしかせぬまに 山こえて 兄は往診に 行かねばならぬ」に茂吉の愛惜がにじむ。当特集を機に子孫が遺品を自治体に寄贈した。

281号　2011年 7月号

楽園のトンボ ―― 湿原に輝く真夏の宝石

北海道は北方系と南方系が混在するトンボの楽園。中学時代から日本蜻蛉学会員である広瀬良宏氏の写真でその美を鑑賞し、希少トンボが生きる釧路湿原、札幌拓北高校理科研究部の取り組みを伝える。

282号　2011年 8月号

森づくり今昔物語 ―― 世界認証「下川の森」と、土木遺産「深川林地」

1942年以来、黒字経営を続ける下川町森林組合。元気な森づくりは若者や移住者の共感を呼び、NPO法人「森の生活」の活動が注目を集める。大正時代、鉄道防雪林を造成した深川冬至の物語も。

283号　2011年 9月号

川田龍吉、男の美学
―― 男爵が愛した、船と大地と英国式生活スタイル

男爵芋の生みの親・川田龍吉は、明治初期に英国で造船を学び、函館どつくの草創期を支えた。蒸気自動車の日本初のオーナードライバー、紋付き袴に白足袋で畑の見回りをしながら農業と工業の調和ある発展を目指し、英国式生活スタイルを貫いた。龍吉の受洗に立ち会った高橋正行神父に取材し、龍吉の美学を探る。

284号　2011年 10月号

ヒグマ、驚異の隣人
―― 日本最大最強の陸上哺乳類を見つめて

100mを7秒で走り、人の数万倍以上の嗅覚を持つヒグマ。人を恐れない新世代ベアーズが出現する中、人を襲うヒグマを悪い神としてきたアイヌ民族の知恵に学ぶ。母乳でヒグマを育てた研究者も登場。DNA解析で明らかになった系統、知床における対策も合わせ、隣人の実像と脅威に向き合う人々をルポする。

285号　2011年 11月号

道産小豆の甘いくわだて ―― 美しき矛盾が育む、北の恵み

ホウレンソウの2倍の鉄分、ゴボウの3倍の食物繊維、赤ワインの2倍のポリフェノール。世界一の遺伝資源を有する北海道立総合研究機構十勝農業試験場で、恵み豊かな道産小豆のパラドックスをひもとく。

286号　2011年 12月号

闘う、コンクリート魂
―― “強く、永く”をめざした一世紀

1908年竣工の小樽港北防波堤は火山灰配合で海水に強いコンクリートを実現した日本初の本格的外洋防波堤。初代十勝大橋の橋桁は2146年まで耐性実験が進行中。北海道初の本格的鉄筋コンクリート建造物・旧国鉄室蘭機関車庫、Spring-8でナノレベル解析をする北大工学研究院杉山隆文教授に取材。

287号　2012年 1月号

復旧百年　赤れんが庁舎探訪記 ―― 美しき記憶庫の今

火災復興から100年。北翔大水野信太郎教授、洗練度を評価する北大角幸博教授、平井晴二郎を語る北海道職業能力開発大学校駒木定正教授、北海道北方博物館交流協会理事長舟山廣治氏らに取材。

288号　2012年 2月号

おいでよ、流氷の海へ！ ―― 知床世界自然遺産・語り部たちの流氷物語

流氷原ツアーのNPO知床ナチュラリスト協会「SHINRA」、元羅臼村観光係長の40年前の冒険、知床の海中撮影をする関勝則氏、冬期間のみ流氷ガイドを行う漁師などから流氷知床の醍醐味を探る。

289号　2012年 3月号

お姫様に学ぶ女の武士道 ―― 伊達市開拓の母・伊達保子の生涯をたどって

仙台藩11代藩主を父に持つお姫様・伊達保子。亘理伊達家に嫁ぎ、戊辰争敗戦後、養子邦成と北海道開拓へ。艱難辛苦の中で精神的支柱となり、伊達市の礎を築いた。武士道は男だけのものにあらず。

290号　2012年 4月号

創成川公園を読み解く ―― 札幌都心820mの縦長ワンダーランド

2011年、アンダーパス連続化事業で誕生した創成川公園。狸小路と二条市場をスムーズに繋ぐ狸二条広場、大友亀太郎像が鎮座する開拓の広場などがある。大友亀太郎や島義勇の構想と今を重ねる。

254号　2009年 4月号

少女よ、大志を抱け

―― 明治・大正、学園グラフィティ

1882年ハリス博士と妻フローラ・ベスト・ハリスが東北以北初のキリスト教主義女子校現・遺愛学院を、1887年サラ・クララ・スミスが現・北星学園を、1925年クサヴェラ・レーメらが現・藤学園を開いた。困難を乗り越え、女子教育の先駆者が目指したものとは何か。女性の未来を拓く教育を探る。

255号　2009年 5月号

愛のバラ物語 ―― 木田金次郎から初夏のガーデンまで

木田金次郎美術館で見られる絶筆「バラ」。夫49歳、妻25歳で結婚した夫妻の暮らしをたどりながら妻の愛を軸に、芸術を支えた岩内の風土に触れる。バラ園芸家・工藤敏博氏推薦のバラ園も掲載。

256号　2009年 6月号

富良野・森の見聞録 ―― 一枚の葉っぱから地球を想う

東大演習林は富良野市面積の3分の1。林分施業法による木材生産と健全に保たれた森で研究が進む。C.C.C.富良野自然塾塾長・倉本聰氏による地球環境への提言、同塾のユニークな環境教育もルポ。

257号 (本書P76～に収録)　2009年 7月号

海の関所をめぐる ―― 松前三湊、それぞれの歴史絵巻

258号 (本書P126～に収録)　2009年 8月号

ハッカの絆 ―― 北見・ピアソン記念館、交錯する人間群像

259号　2009年 9月号

間宮林蔵の北方探検 ―― 旅立ちの地、稚内を訪ねて

樺太が島であることを世界で初めて間宮林蔵が突き止めた1809年から200年。樺太縦断、大陸渡航、アムール川遡上、北方民族が清朝に朝貢するデレンで北のシルクロードを目撃した軌跡を追う。

260号　2009年 10月号

進め、食の科学者たち ―― サイエンスが開く味覚の扉

北海道立食品加工研究センターはアミノ酸豊富な豆酢、サケ内臓活用の魚醤油、革新的な加熱水蒸気、漬物樽から新乳酸菌発見等、全国公的食品加工研究機関トップの活躍で食の価値を高めている。

261号　2009年 11月号

馬と生きる ―― 十勝に息づく人馬のドラマ

世界唯一のばんえい競馬、農民画家・神田日勝の未完の馬、1932年オリンピック馬術競技金メダリストで第二次世界大戦で硫黄島に散った西竹一男爵の足跡など、人馬のドラマが輝く十勝探訪記。

262号　2009年 12月号

橋のダンディズム ―― 近代北海道に生まれた男前たち

北海道3大美橋の旭橋・幣舞橋・豊平橋の卓越性を北大工学部林川俊郎教授が解く。北海道産業考古学会山田大隆会長は旧士幌線アーチ橋、未成の越川橋梁、汐首橋梁の背景を説く。橋は時代の象徴だ。

263号　2010年 1月号

富士山が、いっぱい ―― 北海道「ふるさと富士」を読み解く

二つとない不二。日本人の富士への思いは格別だ。羊蹄山、利尻山はじめ北海道のふるさと富士19峰のうち14峰の写真と、『日本百名山』の深田久弥氏に同行した登山史研究家・高澤光雄氏の山岳愛。

265号　2010年 3月号

北の産業革命を歩く ―― 苗穂今昔物語

苗穂は北海道における産業革命発信地だ。開拓使麦酒醸造所のビールをはじめみそ、しょうゆ、乳製品も苗穂で作られた。JR北海道苗穂工場も明治に源流があり北海道鉄道技術館が歴史を伝えている。

264号　2010年 2月号

流氷の微笑み、フウセンウオ

―― 小さな命を育むオホーツク海の奇跡

北海道立オホーツク流氷科学センター長の青田昌秋氏に流氷のメカニズムを聞く。流氷下で2カ月断食して卵を守るフウセンウオの秘密を解きに稚内市ノシャップ寒流水族館へ。水族館での産卵・受精・孵化に日本で初めて成功した伝説の飼育員、渡辺昇氏の思いと、氷海をかわいらしい仕草で泳ぐ命の輝きを伝える。

266号　2010年 4月号

WE LOVE 北海道犬

―― わが盟友は、天然記念物

ヒグマに立ち向かう勇敢さと、主人に尽くすけなげさ。CMでもおなじみの北海道犬は北海道在来種だ。狩猟犬として活躍し、アイヌ民族は家族の一員のように慈しんできた。社団法人天然記念物北海道犬保存会の規定では、耳は三角形、尾は太く力強い巻尾か差尾を良しとする。りりしい北海道犬と人の絆を追った。

267号　2010年 5月号

ジオパークで地球体験 ―― 世界の憧れ、地質遺産を歩こう

洞爺湖有珠山ジオパークの噴火遺構を三松正夫記念館館長・三松三朗氏と歩き、アポイ岳ジオパークの意義を北大理学研究院新井田清信准教授に聞く。宝石ペリドットと日高山脈誕生の謎を解く。

268号　2010年 6月号

箱館奉行所が見た幕末維新 ―― よみがえる五稜郭の主

箱館開港で設置された箱館奉行所は移転工事完了の翌年大政奉還。箱館戦争で旧幕府軍が占拠し艦砲射撃で被弾しやがて取り壊された。歴史に翻弄された建物が、緻密な調査と匠の伝統技術で蘇った。

269号　2010年 7月号

小樽海岸物語 ―― 夏の小さな時間旅行

花園で財を成した加藤秋太郎がオタモイの断崖絶壁に築いた木造三層楼閣。松浦武四郎が目撃した蜃気楼。忍路湾の北大忍路臨海実験所は研究とフィールド教育の場だ。小樽海岸へ小さな旅のススメ。

270号　2010年 8月号

名寄の天文魂、宇宙へ

―― 私設木原天文台から金星探査機「あかつき」まで

なよろ市立天文台「きたすばる」がオープンし、北大理学研究院・渡部重十教授の金星探査も支える。基礎は旧制名寄中学(現・名寄高校)教師・木原秀雄氏が退職金で作った私設天文台だ。児童生徒に天文魂を伝え、子らは道内天文台の技術者や超新星の発見者に成長した。名寄では空の上にも下にも星が輝いている。

271号　2010年 9月号

北海道米の原点・赤毛種を訪ねて ―― 中山久蔵が育んだ寒地稲作の百三十余年

中山久蔵は、渡島地方の赤毛種をもとに、1873年北広島市島松でつづら折り水路で水温を上げる工夫などで寒地稲作に成功。道総研上川農業試験場にはその種が保存され、ゆめぴりかにも生きている。

272号　2010年 10月号

旧石器時代のパワー・ストーン、黒曜石

―― 世界屈指の大産地・白滝の古代を読み解く

日本ジオパーク認定の遠軽町白滝には旧石器時代の遺構が約100カ所もあり、サハリンから新潟まで伝播した黒曜石を加工する専門集団が存在したらしい。

232号 2007年 6月号

美瑛・富良野　ノスタルジック紀行 —— 懐かしくて新しい、夢のありか

美瑛・富良野に増えてきた古民家や和テイストの店舗・宿・ギャラリーを訪ねる。カフェ茶花、小ちゃなお宿こんぺい草、新星館、四季の風、十年館、野良窯、北星茶寮で店主の人生観に触れる旅。

233号 2007年 7月号

天北ピュアライフ —— 大きな時間が流れるところ

東京、パリを遍歴した画家・高橋英生氏の稚内市上勇知のアトリエで妻・孝子氏が営む喫茶店は絶景。勇知芋を守る大谷秀男氏、陶芸家・舩木勲氏、工房「レティエ」久世薫嗣氏ら人々の姿を伝える。

234号 2007年 8月号

川遊びのススメ —— 全身で味わう、夏のよろこび

登別市ネーチャーセンター「ふぉれすと鉱山」、「真駒内川水辺の楽校」(札幌市)、「ノースリバーアドベンチャーズ」(南富良野町)の沢のぼり、自然観察、キャニオニング、リバーブギをルポ。

235号 2007年 9月号

函館　郷愁の路面電車 —— 市電五三〇号と仲間たち

1913年、函館で北海道初の路面電車誕生。1951年製現役最古五三〇号車両が遺愛女子中学高等学校、宮原かまぼこ、鳳来軒、大正湯、谷地頭廉売など沿線を案内。レトロな風情に旅情が高まる。

236号 2007年 10月号

夢みる岸辺 —— アーティストたちの洞爺湖

「とうや湖ぐるっと彫刻公園」「洞爺村国際彫刻ビエンナーレ」等、洞爺湖はアートの舞台。ガラス工芸作家・高臣大介氏、彫刻家・阿部典英氏、キャンドル作家・米沢純氏が、鼓舞される環境を語る。

237号 2007年 11月号

海峡を越えた勇者たち —— たくましき縄文の心を胸に

琥珀や翡翠で身を飾り、網代編みのポシェットを携えた縄文人の美意識を三内丸山遺跡にたどり、1970、71年夏に筏で津軽海峡を渡った北大探検部の冒険から縄文人の知恵とたくましさを伝える。

238号 2007年 12月号

小樽高商、青春グラフィティ
—— 多喜二と、整と、地獄坂

1921年入学の小林多喜二と22年入学の伊藤整。多喜二は闘争に身を投じ、非業の死へ。整は教職から作家に転身し、発禁処分の法廷闘争を経て文壇の頂点を極めた。小樽高商の教育は製造・流通を学ばせるために石鹸工場を設けたほど実践的だったが、繁栄を極めた小樽の最高学府として人文学の高い素養を涵養した。

239号 2008年 1月号

口福は東に —— 体も喜ぶ美味探訪

廣田明夫氏はエゾシカを狩猟し加工する「ジビエ」を設立。「オルディネール」でその鹿肉を味わい、「赤いベレー」でダチョウ、「蔸」で鯨、「いわし家 太平」、「駒形家」で釧路の食を堪能。

240号 2008年 2月号

ワシらの空 —— 知床の流氷に舞うオオワシ、オジロワシ

巣作りの儀式である枝渡し、人間が乗ってもびくともしない巨大な巣、求愛から子育ての過程、オジロワシの渡りのルートが謎であることなど、壮大な流氷原に息づく大型猛禽の生態を両者が語り合う。

241号 (本書P166〜に収録) 2008年 3月号

石狩川を科学する —— 岡崎文吉、エンジニアの系譜

242号 (本書P176〜に収録) 2008年 4月号

孤高の花守 —— ウメシュンを生きる

243号 (本書P56〜に収録) 2008年 5月号

有島武郎の忘れ形見 —— 札幌・ニセコ・岩内にたどる、理想の軌跡

244号 (本書P136〜に収録) 2008年 6月号

宗谷サムライ物語 —— 命つないだ熱いコーヒー

245号 2008年 7月号

火の山、水の里を歩く —— サミットの舞台、洞爺湖体感

北海道洞爺湖サミット開催地の洞爺湖周辺では西山火口、四十三山、1977年火山遺構公園等から噴火災害復興を、財田地区から里山の知恵を学べる。地球環境保全の協議にふさわしい地を体感する。

246号 2008年 8月号

宮沢賢治の北海道旅行 —— レールが運んだ心象スケッチ

1923年の来道は最愛の妹トシとの死別後。「オホーツク挽歌」「樺太鉄道」「噴火湾ノクターン」と名付けた心象スケッチに魂の咆哮が響く。もう一つの特集はサミット開催地・洞爺湖七不思議。

247号 2008年 9月号

小さな暮らし、大きな喜び —— 美瑛でコツコツ、もの作り人生

カラフルな巣箱に囲まれた喫茶店「ナブの家」、天然酵母二次発酵道産小麦のパン工房「小麦畑」、家具作家「furniture slope」、岩絵具で砂絵を描く「月あかり工房」の哲学に触れ、人生を考える。

248号 2008年 10月号

英国発フットパスを歩こう
—— 多喜二と、整と、地獄坂

フットパスは産業革命による都市の過密・環境悪化から19世紀英国で起こった。パブに立ち寄ってビールや食を楽しみながら田園を歩くのが英国流だ。エコ・ネットワーク主宰の小川巌氏は日本のフットパスの第一人者。英国からフットパス監理官も参加した黒松内国際フォーラムで10kmを歩き、魅力をルポする。

249号 2008年 11月号

函館山 独り語り —— 波乱万丈、わが人生

高田屋嘉兵衛による植林、イギリス領事が発案した日本初の近代公園、南下するロシアに対しての軍事要塞・千畳敷司令塔跡、展望台の下には秘密の地下空間があることなど、函館山が波乱の人生を語る。

250号 2008年 12月号

雪国への使途、田上義也 —— モダン都市、札幌に抱かれて

関東大震災に耐えた帝国ホテルの設計者ライトの弟子・田上義也。「大海原の灯台のように遠くから見てほっとする形」と北大・角幸博教授が評する小熊捍邸(ろいず珈琲)などを訪ねて功績をたどる。

251号 2009年 1月号

鶴と馬の聖地 —— 厳冬の釧路湿原に生きる

鶴居村にタンチョウと北海道産和種馬どさんこを訪ねる。鶴居どさんこ牧場は同村の農家・瀬川鶴雄さんが開拓の功労者どさんこの恩を忘れまいと守り続けた馬が発祥。真冬の乗馬は極上の自然体験だ。

252号 2009年 2月号

いとしの南極 —— 時空を超えて、北海道から

一次隊の犬橇訓練地・稚内、基地建築の実験地・陸別、北大低温研の研究など、南極との縁が深い北海道。稚内市青少年科学館には南極コーナーもある。阿部幹雄氏の南極写真が極地のロマンを奏でる。

253号 2009年 3月号

ビバ！大衆食堂 —— しみじみあったか、人情ごはん

腹ペコでかけこみたい北海道の大衆食堂6軒。お客を喜ばせるために手間を惜しまない店主の心意気、食材への真摯な姿勢、地域の歴史とのつながり。田渕立幸氏の写真は胃袋をわしづかみにする。

224号 2006年 10月号

支笏湖自然図鑑 —— 火山が描いた奇跡のデザイン

琵琶湖の9分の1の面積なのに水量は4分の3。2mから一気に100mへドロップオフする湖底地形を支笏火山大噴火が生んだ。ダイビングガイドの小野寺昌道さんが語るヒメマスの墓など神秘満載。

225号 2006年 11月号

俺のイトウ

—— 原野に燃える男のロマン

稚内市立病院院長の外科医・高木知敬氏はイトウ釣りの名手。高木氏の踏み跡をエゾシカが利用するほど自然を熟知している。新幹線の軌道設計者からプロ釣り師に転向した本波幸一氏との釣行に同行。2人の動きを「アスリートのように美しい」と絶賛する写真家・阿部幹雄氏の写真で、巨大魚を追う圧倒的世界観に触れる。

226号 2006年 12月号

絵葉書に誘われて —— 小樽・時間散歩の旅

大正期から戦前にかけて栄華を極めた小樽では多彩な絵葉書が印刷された。小樽市博物館は5800枚を所蔵。花園のカフェや芸者の絵葉書を手に同じ風景を追って界隈を歩き、往時を追体験する。

227号 （本書P66〜に収録） 2007年 1月号

羊蹄山を仰ぎながら —— ニセコ移住物語

228号 2008年 2月号

流氷エッセイ38年のまなざし —— 凍る海を見つめて

網走市在住の作家・菊地慶一氏が1969年に網走の小学校への赴任時に初めて流氷着岸を見て以来、表現し続けてきた文章で、流氷の抒情を探る。網走VS.紋別で「流氷の街の名物」の番付も発表。

229号 2008年 3月号

百年の旅人、石川啄木

—— 「忘れがたき人人」と北の風景

生活の破綻ぶりとは裏腹に、時を超えて愛される啄木。来道は100年前の1907年。故郷を追われた身を温かく迎えてくれた函館、仕事と恋の果実を味わった釧路。啄木研究者・桜井健治氏、太田幸夫氏、水口忠氏、北畠立朴氏の見解から、函館—釧路の軌跡と「忘れがたき人人」に歌われた北海道の情景をたどる。

230号 2007年 4月号

松前・寺町慕情 —— 歴史のほとりに桜咲く

野呂希一氏の写真で松前の桜と歴史を巡る。光善寺の血脈桜、龍雲院のエゾカスミザクラ、法幢寺の松前家墓所、参勤交代の無事が祈願された阿吽寺。寺町には松前の中世〜近世史が凝縮している。

231号 2007年 5月号

水の都は甘いか、辛いか —— 大雪山の賜物、旭川

130河川が流れる旭川。道教大旭川校の和田恵治教授は大雪山、十勝岳連峰の雪が石狩川、忠別川、美瑛川となり神居古潭で堰き止められているという。火山岩を通って磨かれた水が酒処、菓子処に。

タテのカギ

1 官営幌内鉄道の開通に向け試運転を行った蒸気機関車「□□□□号」。

2 海の関所の役割を担って栄えた松前三湊。権勢が盛んな様子を表す慣用句といえば「飛ぶ□□を落とす勢い」。

3 ミシシッピ川の護岸工事に採用された岡﨑式マットレス。確かな科学的□□□□が、優れた工法を誕生させた。

4 新十津川産酒米で作った酒が、道産酒米を使う競技会でグランプリに。誇らしげな表情を表す四字熟語は□□□満面。

5 近年、採用シーンで問題となっている□□マッチ。農業分野では、ロボット技術やICTの活用が課題解消の助けになるかもしれない。

8 渡米して、ダンの孫にあたるアリスさんとの□□□□を果たしたエドウィン・ダン記念館の園家廣子さん。

9 クロフォード、ケプロン、クラークらは□□□□外国人と呼ばれ、各分野で日本の近代化に貢献した。

10 日本遺産「炭鉄港」のうち、港湾や鉄道施設の構成文化財が残る□□□市。

13 夕張市のふるさと納税の返礼品「夕張岳グッズセット」には梅沢俊さんが撮影した花のポスト□□□も。

14 □□ボートで急流を下るラフティングはニセコで人気のアクティビティだ。

ヨコのカギ

1 旅人に人気の駅弁といえば「いくら□□□□」に「かにめし□□□□」。

4 動く総合商社として巨万の□□を生んだ北前船。寄港地である松前や江差にも繁栄をもたらした。

6 観光客が心から□□□□□できる場所であり、住む人の魅力的なライフスタイルに憧れて人が訪れるのが本物のリゾートだという。

7 江戸時代の東北諸藩による蝦夷地警備では、津軽藩士でも□□違いの寒さに苦しんだ。

8 画家・木田金次郎をモデルにした小説『生れ出づる悩み』の作者は「北海道の文学の父」と言われる有島□□□。

11 三浦綾子記念文学館のテーマは「ひかり・□□・いのち」。『氷点』は今なお人々の道を照らし続ける。

12 世界のトラクターや土の標本を多数展示している上富良野町「土の□□□」。

15 ハッカ脳の別名は□□□□□。炎症を和らげ、防虫・防臭効果も。

16 イザベラ・バードが旅したルートを今は新幹線で。いつの時代も心の翼を□□□に広げてくれるのが旅の力だ。

17 松浦武四郎が描いた『東西蝦夷山川地理取調圖』。目録に掲載された地名には□□・経度も記されている。

Summary

特集タイトル一覧

巻頭特集が現在の誌面体制になった2006年4月号からのテーマと内容を紹介する。
（まとめ：北室かず子、220号からのデザイン：福田芳江）

218号 2006年 4月号

春待つ里、七飯・大沼紀行 ── 彩りの湖畔から、ほほえみの田園まで

ダイナミックな自然景観の北海道にあって七飯・大沼周辺の風物は繊細だ。岩田真知氏の写真で花鳥画のごとき自然に酔い、朝採れ野菜や手作り漬物が並ぶ「百円街道」、野生クレソンのピザにも舌鼓。

219号 2006年 5月号

天の花、地の花、海の花 ── 表現者たちの花景色

梅沢俊氏がとらえた高山の固有種や群落の花、植物画家・安藤牧子氏による石狩浜の花、押し花作家のたけだりょう氏が作る利尻島の海藻押し葉。春が爆発する5月の花景色を天・地・海からとらえる。

220号 2006年 6月号

美瑛・富良野　仕事人列伝 ── 田園スピリッツ、ここにあり！

美瑛の田園風景を世に出した写真家・前田真三氏への思いから芍薬農家・谷秀雄氏は拓真館の傍に芍薬を植えた。手打ち蕎麦「まん作」の平山信成氏、ファーム富田で調香を行う和島幸子氏を訪ねる。

221号 2006年 7月号

異郷にて。 ── 国際都市“ハコダディ”の外国人たち

箱館は、来航したペリーの海図に“Hakodadi”と記されていた。世界デビューした極東の国際港にユースデン領事夫妻、ブラキストン、北海道初の女性医師ハミスファー、白系ロシア人の運命をたどる。

222号 2006年 8月号

最果ての花園 ── 小さな花の大きなたくらみ

シレトコスミレは礫地で凍結と小石による轢断に備え根を長く伸ばし、草丈を極端に短くする。羅臼湖では希少トンボと花が競演。特殊環境のショーケースと称される知床では可憐な花にも巧みな戦略がある。

223号 2006年 9月号

十勝　大地の流儀 ── ファーム体験練習帳ーその壱〜その六

鹿追町の乳牛マキシムの腹には乳房と心臓をつなぐ大蛇のような血管が走り、乳しぼり体験者を圧倒する。広尾町でトラクター搭乗、清水町で羊飼い体験。農家民宿、農業体験で大地の流儀を知る。

クロスワードパズル

出題者：樋口雅子

16のStoryにまつわるクロスワードパズルです。タテ、ヨコのカギの文章内の□にあてはまるカタカナを埋めてください。最後に、ヒントを参考にA〜Gを並べ換えて一つの言葉を完成させてください。

1 A		2	3	■	4 B	5
	■	6	C			
7		■		■		■
	■	8 D		9	■	10
■	11		■	12	13	
14	■	15				E
16 F			■	17 G		■

ヒント　いにしえの物語から北海道の旅に出かけましょう！

答え

（正解はP208に）

編集
株式会社 JR 北海道ソリューションズ
仮屋志郎（北海道新聞出版センター）

編集協力
北室かず子
藤倉英幸
有島記念館

写真協力
伊藤留美子（Story 1）
大日本印刷株式会社（Story 2, 5, 6, 10）
横山　博（Story 3, 4, 11, 13, 14, 15）
田渕立幸（Story 7, 8, 12, 16）
JR 北海道（Story 9）

ブックデザイン
若井理恵

本文 DTP
中島みなみ（北海道新聞出版センター）

クロスワードパズル

解答　（問題はP207）

The JR Hokkaido 北海道への旅

2024 年 1 月 31 日　初版第 1 刷発行

編　者　　The JR Hokkaido 編集部
発行者　　近藤　浩
発行所　　北海道新聞社
〒 060-8711　札幌市中央区大通西3丁目6
出版センター（編集）電話 011-210-5742
　　　　　　（営業）電話 011-210-5744
印　刷　　札幌大同印刷

ISBN978-4-86721-116-8